脳から変える

No.1
社員教育

社員が驚くほど
意欲的に動くプログラム

ビジネスメンタルトレーナー
西田一見
Hatsumi Nishida

現代書林

はじめに

私の会社は、多くの企業で社員の能力開発を行っています。実際に社員教育の場に出向いて、たくさんの社員の皆さんにお会いするのですが、入社して間のない若手社員の多くに覇気がないというご相談をいただくことが多いのです。

企業の社員教育担当者の方に話を聞いても、「自分で考えて行動できない」「向上心がない」「応用が利かない」「コミュニケーション能力に欠ける」「ちょっと注意しただけでもう会社に来なくなる」などなど、多くのお悩みの声をいただきます。

とくに深刻なのが、「自立型の人間に育ってほしいのに、育て方がわからない」とか、「リーダーシップを発揮できる人材の育成が難しい」といったお悩みです。

自立できない社員や、リーダーとしての自覚に欠ける社員ばかりの会社では、先行きが不安になるでしょう。また、将来の幹部候補として、いろいろと教育してきたのに、すぐに辞めてしまうということも少なくありません。人材育成に多くの予算をかけているのに、簡単に辞められてはすべてが水の泡です。

本書を手にした皆さんも、社員教育において、同じような悩みをお持ちなのではないでしょうか。


しかし、このように意欲的でない、行動力がない、自立しない、すぐ辞めるといった「イマドキの若手社員」でも、次代の会社を背負って立つ立派なリーダー候補に育て上げる方法があります。

私は、これまでに多くの企業で社員教育を行ってきました。現在も全国の企業の社員教育に携わっています。企業だけでなく、スポーツ選手、芸能人、受験生などをメンタル面からサポートし、成功を収めています。

そこで行っているのが、人の脳をコントロールすることで目標達成に導く「SBT（スーパーブレイントレーニング）」という手法です。もちろん、社員教育の場ではビジネススキルなども教えますが、それよりもまず「脳を変える」というところから始めます。

脳を変えると、誰でも面白いほど能力を発揮してしまいます。しかも、脳を変えるのは、それほど難しいことではありません。物事に対する脳の受け止め方を、ほんのちょっと変えるだけで、劇的に効果をもたらします。そして、自ら目標を立てて動いていく、意欲的な人物になるのです。

本書は、「イマドキの若手社員」の脳を変えて、企業の発展に欠かせない戦力となる人材へと変える手法を具体的に解説しています。経営者やリーダー、人事・教育の担当者の方々など、人材教育に悩んでいらっしゃる皆さんに、ぜひ読んでいただきたいと思います。ビジネス以外にも、学校やスポーツの分野など、人を教育する立場にある方々にも、必ず役立つはずです。

若手社員を次代を担う優秀な人材に育て上げ、会社の未来を明るくするために、本書をご活用いただければ幸いです。

脳から変える No.1社員教育　目次

序章

イマドキに育った若手社員たち

第1章 社員教育がうまくいかない理由

第2章 脳から変えるNo.1社員教育 基礎編

第3章 脳から変えるNo.1社員教育 理論編

第4章

脳から変えるNo.1社員教育　実践編

終章

イマドキに求められるリーダー

序　章

イマドキに育った
若手社員たち

「ゆとり」と「さとり」の世代

１９８０年代終わり頃から90年代前半生まれの若者を「ゆとり世代」と呼ぶようになってから、しばらく経ちます。

この世代は、小・中学校で２００２年度（高校は２００３年度）から始まった新しい学習指導要領に基づく学校教育、いわゆる「ゆとり教育」を経験している世代です。「円周率が３・14から３へ」「週５日制」ということがメディアで象徴的に取り上げられたため、学力が低下するなどの批判が起こりました。

この「ゆとり教育」の是非は置いておくとして、この世代は、教育分野以外にも、さまざまな変化の中に身を置いてきた世代だと言えます。

生まれた前後にバブル経済が崩壊したこの世代は、長期にわたる不況の中で育ちました。

子どもの頃、日本でも有数の名門企業の経営破綻や、大幅な赤字計上といった出来事が頻繁に報道され、「リストラ」という言葉が一般的に使われるようになっていました。

一方で、インターネットが学校の授業で用いられるようになり、携帯電話やスマートフォンの普及もあって、ＳＮＳなどの新たなコミュニケーションツールに囲まれて育っています。

それらの影響がどの程度あったのかはわかりませんが、この世代の若者にはある特徴が顕在しています。

クルマに乗らない、ブランド品を欲しがらない、恋愛が億劫になる、無駄な努力をしない、人と深くつき合おうとしない、といった特徴を持ち、彼らは「さとり世代」などとも呼ばれています。もちろん、この世代の若者すべてがそういう特徴を持っているわけではありませんが、目に見えて増えているのも確かです。

そんな、世の中を悟ったように、大きな夢を持たず、高望みをしないように見える若者が会社に入ってくるようになり、先輩や上司の悩みのタネになっているケースがよくあります。

将来に対する夢がなく、今を何とか生きていければいいという傾向にある若者は、

会社で一旗揚げようという気がないため、帰属意識も薄く、責任ある立場になることを避けたがったります。

言われたことしかしない若手社員

私の会社に、社員教育を依頼する企業の担当者は、多くがこのような社員に頭を悩ませて、相談に来られます。その定型的な例が、「言われたことしかしない」というものです。

そういう社員は、基本的には真面目で、言われたことはきっちりとやります。しかし、責任を取りたくないので、言われた以上のことはやりません。

極端な例で言えば、あなたが若手社員に数十枚の書類を渡して、「10部コピーして」と言ったとします。普通なら、コピーしたものを1部ずつまとめて、ダブルクリップかホチキスで留めたものを渡すでしょう。しかし、若手社員はそんなことはしません。10部ずつコピーした数百枚を、ドカンと持ってきます。「1部ずつまとめて、クリップで留めてきてね」とは言われていないからです。

また、「××に行って、〇〇買ってきて」と、おつかいを頼んだとします。その店に行って、希望のものが売り切れていたとき、普通なら別の店を探すか、メーカーの違うものなどの代替品を探すでしょう。しかし、若手社員は、探そうとせず、「売り切れてました」といって手ぶらで戻ってきます。これも、なかったときにどうするかの指示を受けていないからでしょう。

そんな話をすると、「そんなことをいちいち指示されなくても、普通わかるだろう」と思われるかもしれません。しかし、今の若者の中には、いちいち言わないとわからない人が少なからずいるのです。接客でも何でも、マニュアルに書いてあればちゃんとできるのですが、そこに書いていないことにまで頭を回さないようなのです。

これらは、責任を取りたくないという自己防衛本能によるものではないかと、私は考えています。指示されていないことをするのは、ある意味「自己責任」でもあるわけです。おつかいのようなものであっても、責任を負いたくないため、気づいてもやらない、さらには気づこうともしないということになるのです。

だからと言って、「イマドキの若いヤツは……」と嘆いても仕方ありません。言わ

れたことしかしないのであれば、「言えばいい」のです。幸いなことに、基本的には真面目なので、言われたことは忠実にやります。

「この書類を10部コピーして、ちゃんと1セットずつダブルクリップで留めてきてね」と言えばすむ話ですし、おつかいに行かせて「売り切れてました」と戻ってきたら、「じゃあ、別の店を探してきて」とか「メーカーが違うものでもいいよ」などと指示すればいいでしょう。

いちいち指示するのは面倒だと思われるかもしれませんが、彼らの傾向がわかっていれば、細かく指示をすることも必要になってくるわけです。

コミュニケーションを取ろうとしない若手社員

私が思うに、言われたことしかしないのは、そもそも社員間でのコミュニケーションが不足していることに起因しているのではないでしょうか。

年輩の社員は「言わなくてもそのくらいわかるだろう」と思っていますし、若手社員は人と積極的にコミュニケーションを取ろうとしないので、コミュニケーションが不足してすれ違っていくのだと思います。

今の若者は、メールやツイッター、ＬＩＮＥなど、目の前にいない人を相手にした、表面的なつながりには一生懸命になるのですが、面と向かうような濃密なコミュニケーションは苦手だと言われます。

例えば、上司に食事をご馳走になった若手社員が、別れ際は無表情で「今日はありがとうございました」と表面的な挨拶だったのに、別れてから上司の携帯電話に「今日はとても楽しかったです😊」などと絵文字入りのメールを送ってくるそうです。

今と昔ではコミュニケーションのツールが違う、ということなのでしょうが、面と向かってのコミュニケーションをしない（できない）と、相手のちょっとしたしぐさや様子などから、相手が何を望んでいるか、何を考えているかということに気づけませんし、そういうことを気に留めることもしなくなるでしょう。

私はよく、20代の若手社員の前で、**「社会人というのは、信用と信頼を勝ち取る、いわゆる〝ゲーム〟だ」**という話をします。若手のうちは信用も信頼もありませんか

序　章　イマドキに育った若手社員たち

ら、与えられた仕事をこなし、相手の期待以上のことをすることで、少しずつ信用や信頼を得る。お客さんから信用と信頼を得られれば、評価が売上という形に表れますし、上層部の信用と信頼を得られれば出世できます。

そういう意味で、社会人は信用と信頼というアイテムを勝ち取る〝ゲーム〟だと思っているのですが、信用や信頼を勝ち取る気のない若者は、理解はできても、なかなかこのゲームに参加しようとしません。ところが、そんな彼らも「脳」から変えていくと、このゲームで活躍し出すのです。

リーダーシップを発揮しようとしない若手社員

さて、ここまでお話したのは「若手社員」のケースですが、本当に右も左もわからない新人であれば、「若いから」ですまされることもあるでしょう。

問題は、この現象が20代の若い社員だけでなく、30代にまで広がっていることです。30代と言えば、本来であればチームのリーダーになっていてもおかしくない年代です。

もちろん、一部の伸びる社員はリーダーに抜擢されて、チームを活性化してくれるでしょうが、そんな人がごく少数ということであれば、企業として〝層が薄い〟ものになってしまい、会社の将来が危ぶまれます。

イマドキの若手社員は、「出世したくない」という思いが強く、リーダーシップを発揮しようとしない傾向にあります。

クルマもブランド品もいらない、恋愛をするのも面倒、何かを手に入れるために努力しない、という「さとり世代」にとって、出世などしなくてもいいと思っているのでしょうし、「会社のために……」といった帰属意識も薄く、いつ辞めてもいいとさえ思っているかもしれません。

一方で、会社がリーダーシップを発揮できる環境を用意しているのか、ということも考えなければなりません。経営者やリーダーが、会社の未来をちゃんと語っていれば、みんなはついて来るものですし、そこから次のリーダーとしての自覚が芽生えてきて、経営者やリーダーの思いを受け継いでいこうという気になります。

イマドキの若手社員でも変える方法がある

ここまで取り上げた〝イマドキの若手社員たち〟は、表面上は何事にも前向きになれない若者、将来展望が描けずに世の中を悟ってしまった若者たちに映ります。しかし、私の経験から言っても、**未来に対して明確な夢や目標を持ち、その実現を信じることができれば、みんな前向きに仕事に取り組むことができる**のです。ただし現実は、多くの人が夢や目標を持てずにいますし、実現を信じることができていません。

そんな若手社員たちを、どのようにして夢を持って前向きに取り組めるようにするのか。そのカギとなるのが、本書で紹介する**SBT（スーパーブレイントレーニング）**です。

人間の能力のほとんどは、潜在能力として眠ったままの状態です。SBTで「成功を信じる脳」に変えてあげるだけで、潜在能力を引き出し、実際に成功に導くことができます。

序　章　イマドキに育った若手社員たち

従来の社員教育では、このようなトレーニングをすることはないでしょう。しかし、ＳＢＴを社員教育に取り入れた企業の多くが、若手社員の潜在能力を引き出すことに成功しています。

人は誰でも変われます。会社を動かすのは、機械ではなく人です。機械やコンピュータを動かしているのも人です。ですから、会社にとって社員教育はとても重要なのです。いろいろな世代の社員が、会社の目指す方向に向かってひとつにまとまれば、それまで優秀でなかった社員でも、若手で経験がない社員でも、大きく変わっていくのです。

それでは、従来の社員教育は何が問題なのか、従来の社員教育とＳＢＴを取り入れた教育では何が違うのかなど、社員教育の重要性について次章以降で詳しくお話していきます。

第1章

社員教育がうまくいかない理由

従来の社員教育には限界がある

読者の皆さんの会社では、社員教育をどのように行っているでしょうか？

普通なら、挨拶やビジネスマナーを研修で教えたり、セミナーや合宿、ＯＪＴなどで自社の仕事を身につけさせたりするでしょう。会社によっては、街頭に立たせて道行く人と名刺交換をさせたり、初めての取引先を回らせたりといったことも行われています。中には、お寺へ修行に行かせたり、無人島でサバイバル生活をさせたりと、知恵を絞ってさまざまな研修を行うところもあります。

しかし、そのように手間と時間とお金をかけて社員教育を行ったにもかかわらず、まったく効果が出なかったり、逆に離職者を増やしてしまったりすることも多々あります（最初に脱落者を出して、ふるいにかけるのが目的としか思えないような研修も見受けられますが……）。

せっかく社員教育をするのですから、お金や労力をかけただけの効果がないと意味がありません。社員を戦力として活躍できる人材にするという社員教育の目的が果たせない研修など、いくらやっても無駄なのです。

私が、社員教育のためにに企業を訪ねてわかったことは、多くの企業で**優秀な社員はますます優秀になって、ダメな社員はますますダメになっていく社員教育を行っているということです。**

会社によっては、外部のコンサルタントが入って社員研修を行っています。しかし、技術やスキル、マナーを教えているだけでは、効果は期待できません。大学受験と同じで、受験に合格したあとはすべて頭から抜けてしまう、ということになるからです。学んだことをすべて吸収した人は、どんどん伸びていくかもしれませんが、吸収していない人はまったく伸びていきません。

では、その差はどこから来るのでしょうか？

その人にやる気があるかないか、頭が良いか悪いか、そんなことは関係ありません。学力もコミュニケーション能力も高く、会社に入れば優秀な社員になりそうだと思っ

SKILL
SKILL
SKILL

て採用したけれど、まったく伸びていかないということが、実際に起こります。その原因は社員教育にある、と言っても過言ではないのです。

　社員教育に原因があると言っても、教える内容ではありません。どんなに良いことを研修で教えたとしても、教わる側の社員にとって、「なぜそれをするのか」「なぜそれを学ばなければならないのか」という意味や価値がわかっていないと、どんな立派な研修でも「やらされている」と苦痛を感じてしまいます。

　それでも、昔であれば、ちょっと知識をつければ、ぐんと伸びていくということもあったかもしれません。しかし、今はそのような時代ではありません。ビジネスの環境がどんどん厳しくなっていく中で、社員一人ひとり、あるいは会社組織全体が自ら行動し、成果を上げていかなくてはなりません。現代の企業を取り巻く環境を向かい風が吹く荒れた海だとすると、その中を全員で船を漕いでいかないと、前には進めない時代と言えるでしょう。

　全員が一丸とならなければならない今、「やらされている」という思いでいる社員が伸びていくことはありませんし、そのような社員がいる企業は先行きが不安だと言わざるを得ません。

他社の事例をマネしてもうまくいかない

社員教育を請け負うコンサルタントがよくやることに、他社で成功した事例を持ち込むということがあります。

例えば、かつて大手航空会社で優秀な成績を収め、カリスマと呼ばれたキャビンアテンダントさんが、別の航空会社の新入キャビンアテンダントの研修で講演をしたとしましょう。講演を聞いた新入社員たちは、どのように思うでしょうか？

なかには感動して、自分もこの人のようになりたいと思う人もいるでしょう。メモまで取って、自分の中に吸収しようと考える人もいるでしょう。

しかし、それとは逆に「この人はすごいけれど、自分には無理」と思って拒絶する人もいるはずです。その場合、その人の話をまったく吸収できない状態になってしまいます。

そもそも、その場で話した内容は、あくまで勤務していた会社でのことです。この人は勤務先ではカリスマだったかもしれませんが、同じことをして別の会社で優秀な成績を残せるとは限りません。

つまり、聞き手が「それはあの会社だからできたんでしょ」と思ってしまうと、それは自分と関係ない話として認識されてしまうわけです。

実際に、このような事例は後を絶ちません。どの企業も同じような失敗をしていると言っても、過言ではないでしょう。他社でうまくいった事例を自社で導入しても、うまくいくかどうかわかりませんし、それこそ何でやらされるのか、その意味や価値を見出すことが難しくなります。

どの会社にも理念やキャラクターがある

アメリカは契約社会とよく言われます。会社と社員との関係も契約ですから、一定期間内に契約通りの成果を出さないと、すぐにクビになる可能性があります。この仕事ができるなら契約する、できなかったらクビ、というシビアな考え方の企業もあり、社員教育すらやらないケースも見受けられます。

以前、私はとある外資系企業の社員教育を手がけたことがあります。そこでいろいろと面白い光景を目にしました。何百人という社員が、始業時間ギリギリに一斉に会社に入ってきて、終業時間になったとたん、パッと全員がいなくなるのです。決められた時間内でいかに生産性を上げて、集中して仕事をするか、ということが徹底されているのでしょう。

さらに、午前中にはいたはずの社員が、午後にはいなくなっているということもありました。つまり、会社が社員に求める仕事がはっきりしていて、できない社員はその場でクビになるのです。もちろん、外資系企業といえども、日本国内では日本の法律が適用されますから、正当な理由がないのに予告なしの解雇はできません。おそらく、きっちりと契約書を交わしているのでしょう。

このようなことは、「生産性重視型」や「利益追求型」の企業であれば当たり前なのかもしれません。社員に手取り足取り教えるには、時間や労力、お金など、それなりのコストがかかります。大企業になると、一人あたり数百万円のコストをかけて、採用や教育を行っているところがたくさんあります。何よりも生産性や効率を考えたら、そのようなコストを省くのが手っ取り早いのです。

そこで、外部のコンサルタントがこういう話を持ち込んできて、これは効率がいいからと、経営者に導入を持ちかけたりします。しかし、効率がいいからと言って、日本の他の企業で同じようなことをやっても、社内が混乱するだけでうまくいくはずがありません。

すべての企業が生産性を最重要視し、利益を徹底的に追求しているとは限りません。日本には、社内の和を重視する会社や、社会貢献を重視する会社など、さまざまな会社があります。たしかに、どの企業でも、コストや利益、生産性を重視することは当然ですが、そのやり方は企業によって違うでしょう。

どんな企業にも、その企業独自の「理念」や「キャラクター」というものが存在します。そしてその理念やキャラクターには、創業者が会社を興してから現在に至るまでに培った、歴代経営者の思いが込められています。

にもかかわらず、外部のコンサルタントから言われるままに、他社の事例を持ち込んで、理念やキャラクターに合わないことをしても意味がないのです。

トヨタにはトヨタの理念があり、ホンダにはホンダの理念があるはずです。経営者が「当社の理念はこうです」と言っているのに、コンサルタントが「いや、○○社ではこうですから」と言って、もともとの理念にないようなことをすると、会社は滅茶苦茶になってしまうでしょう。

私が以前、社員教育のお手伝いをした企業に、スポーツジムを経営するA社がありました。A社では、短時間でダイエット効果が表れて、理想の体型がつくれることをアピールしています。しかし、経営者の思いはそれだけに終わりません。

男性も女性も、理想の体型に変わることで、自分に自信をつけてほしい。そのためにトレーナーが、二人三脚となってトレーニングを行う。そして、お客さんには一生つき合えるトレーナーに出会ってほしいという願いがあります。

その理念を実践するために、トレーナーになる人のカウンセリングもちゃんと行い、コミュニケーションスキルをつけるための教育も欠かしません。

トレーナーの中には、お客さんに自分の筋肉を見せて、「こういう筋肉を目指しましょう」などと、単なる〝筋肉自慢〟をして自分に酔っている人がいます。そんな人に限って、お客さんとコミュニケーションが上手に取れません。

逆に、とくに筋肉隆々でなくても、コミュニケーションスキルを持ったトレーナーのほうが、お客さんとの信頼関係が保てて、結果、多くのお客さんがつくのです。

A社は、株式上場後、最初の3年で100億円の売上を達成しましたが、その2年後に29億円に激減してしまいました。当時の幹部は「生きていけない」と真剣に思ったそうです。今でも、そのときのことを話しながら、涙を流されます。

そうした苦労があったからこそ、現在があるわけです。しかし、そのときの苦労や思いを、若い社員やトレーナーは知りません。そこで私は、社員教育の場で、まずその話をしていきました。**経営者の理念や思いを共有し、社員に広く浸透させていくことが大事**だと思うからです。

まずは会社の理念を社員に浸透させる

このように、創業者や経営者の理念や思いを、入ってきたばかりの社員に浸透させることから、社員教育を始めます。

それを、私は**「理念浸透型」の社員教育**と呼んでいます。

中小企業、とくに経営者がワンマンの企業であれば、経営者の思いを社員に広く浸透させておかなければなりません。ところが、それがなかなかできていない、という会社が多いのです。

今は、経営者や幹部、社員が全員一丸とならないといけない時代です。全員が同じベクトルを向いていないと、ビジネスはうまくいきません。

そこで、「理念浸透型」の社員教育が重要になるのです。

まず、会社の根幹でもある理念を社員に浸透させることで、全員が同じベクトルを向くようにする。

そうすれば、社員は、この会社に何が必要で、自分は何をすればよいのかを自ら考え、行動するようになるのです。

前述のように、そうしたことがわかっていない外部のコンサルタントが、社員研修に他社の成功例を持ち込んできたとしても、全員が同じベクトルを向いていない状態では、何を持ち込んでこようと変わらないのです。

私が「社員研修」という言葉を使わず、あえて「社員教育」と呼んでいるのは、この「理念浸透型」ということにこだわっているからです。

ビジネスマナーや、仕事の進め方などのスキルも当然教えますが、それだけに特化しているわけではありません。創業者や歴代の経営者の思いを伝えて、浸透させることを優先しているのです。

「やらされている」と思ったら成長しない

実際、若い社員の間でも、理念が浸透している社員としていない社員では、まったく異なります。浸透している社員に仕事を教えると、スポンジのように吸収して、どんどん伸びていきます。逆に、浸透してない社員は、どんどん遅れをとります。

それはなぜでしょうか？

それが先述の「やらされている」と感じることにつながります。

社員教育とは、自らが率先してやる社員をつくることです。

会社にとって何が有益かを自分で考えられるようになると、そのためには自分が何をするべきか、そのためにはどんなスキルが必要か、といったことが自ずとわかるようになります。

その上で、経営幹部なり、上司なり、先輩なりがひと言アドバイスをすると、それをすべて自分の中に吸収するようになります。

ところが、社員研修を「やらされている」と感じている間は、何を教えても身につきません。周囲がアドバイスをしても、「怒られた」とか「うるさいな」と考えるようになって、吸収どころではなくなるのです。

研修を行う際には、「なぜ、それをやらなければならないか」を伝えた上で行わなければなりません。そこで、創業者や歴代の経営者の思いや理念を浸透させることが第一となるのです。

この会社のベクトルがどこに向かっているかがわかっていれば、そのために何をすべきかがわかるのですから、納得した上で研修に取り組めますし、アドバイスにも素直に耳を傾けられるのです。

素晴らしいマニュアルだけでは価値がない

ここからは、私が以前に社員教育を手がけた、関東に本社があるB社のお話です。

B社は、創業社長が一代で築き上げた会社で、今では全国に6支社あり、50億円の売上を誇る会社に成長しました。

ところが、それまでシェア１００％を誇っていた分野で、他社にシェアを食われはじめました。そこで、社員教育から変えていこうと、私たちがお手伝いさせていただくことになったのです。

それまでは、社長がつくったマニュアルを社員に渡し、「この通りにやればいい」という感じだったのですが、最近になって、次第に社員がついてこなくなったのです。

私はそのマニュアルを見せてもらったのですが、はっきり言って驚きました。実に素晴らしいマニュアルだったのです。

新規顧客の開拓方法、訪問の仕方などが、実に細かく記載されていました。お客さんの会社に行くときは、ライバル会社に知られないように社名の入っていない車で行くなど、方法だけでなく理由もちゃんと書いてある。社長がこれまでの経験で得たことが、惜しげもなく披露されていました。

さらにそのマニュアルには、昇給制度についても載っていて、売上に対するインセンティブがはっきりと書かれていました。

まさに、このマニュアル通りにやれば、これだけ売上が上げられて、給料にこれだけ反映されます、と明確に示されていたのです。

私はこれを見て、確かに、誰でもこの通りにやればうまくいくに違いないと思いました。しかし、現状はその通りにはなっていないのです。

その原因は、マニュアルの中身ではなく、マニュアルを受け取った社員の「脳」にありました。

誤解のないように申し上げますが、マニュアル通りにしない社員が無能だと言っているのではありません。

第2章以降でも詳しくお話しますが、人間はマイナスの感情を持っているときには、脳にもマイナスのイメージが記憶されます。しかも、マイナスの感情を持った経験ほ

SHO-YU
Noodle

ど、脳に残りやすいのです。そうやってマイナス感情に支配された脳は、何に対しても前向きに受け取りにくくなります。

例えば、勉強が嫌いな子どもに、とても素晴らしい参考書を与えたとしても、「こんな分厚い本、読みたくない」「なんで読まなきゃいけないんだ」というマイナスの感情しか生まれません。やろうという気がないと、どんなに素晴らしいマニュアルも意味がないのです。

人は、「命令されている」と感じるとやる気にならないものです。なぜなら、「命令」にはマイナスの感情しか伴わないからです。「マニュアル通りにやれ」という時点で、命令に対するマイナス感情が生まれて、できなくなるのです。

つまり、まず**社員の脳から変えていくことで、この素晴らしいマニュアルの内容が頭に入り、吸収できるようにするのが第一にすべきこと**なのです。

勉強嫌いの子によくできた参考書を渡しても、家庭教師をつけても、勉強嫌いである限り効果はありません。まず、勉強嫌いを好きに変えないといけない。それが脳を変えるということなのです。

すべてを吸収できる脳に変える必要がある

何をアドバイスしても吸収できない脳になってしまった人は、いつも口が「へ」の字になっていて、何も受け入れないというふうに、顔や態度に出てしまっていることが多いものです。脳がマイナス感情に支配され、自分に自信がなくなっていることの表れでもあります。

しかし、こういう人は、何でもいいので自信を持たせてあげると、大きく変わったりするものです。

例えば、来客の方にお茶を出すということだけでも、自信を持たせることができます。私の会社でもたまにやるのですが、若手の社員2~3人の間で、「私が最も良い笑顔でお茶を出せる」という目標を持たせ、接客にあたらせます。そうして1カ月もすると、来客の方から「笑顔が素敵ですね」と言われるようになるのです。そうなると、自分が褒められ、認められたのですから、自信を持つようになります。

人は、ひとつのことで自信を持てば、素直になっていきます。素直というのは、脳がプラスになっている状態なので、人のアドバイスや教えをどんどん吸収していきます。自分に自信がないという人は、脳が全部を吸収できない状態なので、何事にも伸びていかないのです。

本気になった人間だけが生き残れる時代

私のもとに相談に来られる経営者や社員教育の担当者の中には、「朝礼で何をやればいいのかわからない」「朝礼を変えたい」とおっしゃる方が多くいらっしゃいます。

「朝礼」と言えば、社員を集めて、大声で元気よく挨拶をしたり、目標やスローガン、社是などを全員で唱和したり、というのが一般的です。なかには、全員で近所のお寺に行って掃除をする、そばにいる人とペアを組んでお互いを褒め合うなど、変わった朝礼を行うところもあります。

ただ、いろいろなことを試したけれど、社員の士気向上に結びつかないという相談をよく受けるのも事実です。

元気よく挨拶をしようが、全員で会社の理念や社是を唱和しようが、掃除をしようが、褒め合おうが、脳が否定的な状態だったら意味がないのです。

「朝礼を変えよう」という相談もそうですが、企業に限らず、仕組みで何かを変えようと考えているところが多いと思います。仕組みを変えるには、それなりに費用がかかりますが、**いくら仕組みを変えたところで、人が変わらなければすべて無駄**です。仕組みを変えるのに、いろいろと試行錯誤を重ねるよりは、たとえ時間がかかっても、人の脳を変えるほうが、結局は効率的なのです。

しかも、一旦脳を変えてしまえば、まるで寝る前には歯を磨くのと同じように、習慣づけられていきます。何事にもチャレンジする人間は、何を置いてもチャレンジすることしか頭に浮かんできません。何とかしないといけないと常に感じている人は、課題を与えられなくても、自分から課題を見つけて何とかしようと考えるのです。

ただし、なかには非常に熱意を持っていたのに、次第にその熱意が薄れてしまう人もいます。しかし、それもちょっとしたことで解決できるものです。

何事にも熱意を持っていると、脳は異常に集中しますが、逆に不安やためらいがあると、行動が曖昧になって、怠け癖が出てきます。営業やプレゼンなどでも、行動が曖昧になってしまうため、ライバルに負けても許せるようになってくるのです。

そんなときは、熱意があった頃の自分を思い出させるだけでいいのです。新入社員が入社式や配属されたときに、決意表明をする習慣がある企業はたくさんあると思います。例えば、「私はこの会社で、3年後にはリーダーになって……」や「2年後には営業成績トップに立って……」など、当時は根拠のない自信に満ちあふれて熱意を語ったりしているものです。

そのときの様子をあらかじめビデオで収録しておいて、数年経ってから朝礼などで流すのです。もちろん、流されたほうは恥ずかしいと思いますし、私も若手社員相手にこれをやるときは〝嫌がらせ〟と言っているのですが、間違いなく一発で初心に戻れます。

ポジティブに語っていた自分を改めて見ると、否応なしに今の自分もポジティブになっていくものです。3年以内に会社を辞める人が多い昨今、あるタイミングで初心に帰ることは離職を回避することにもつながります。

社員アンケートは会社を崩壊させる

プラスの脳にするということに関して、ひとつの例があります。

ある会社で、外部のコンサルタントが経営者に提案をして、社員に「会社の問題点」についてのアンケートを取ることになりました。しかも、そこで取ったアンケート結果を社員の前で発表したのです。

確かに、会社の問題点を明らかにして、解決策を探るのは悪いことではありません。しかも社員から問題点を聞くことで、トップダウンやワンマンではない、社員一人ひとりの意見を反映させる良い会社というイメージも持たれます。それでより良い会社になるのであれば、素晴らしい提案だと思います。

しかし、実際にはそううまくはいきませんでした。

社員は、多かれ少なかれ、会社に何らかの不満を持っているものです。誰もが感じているような不満のほか、自分だけが感じている不満というものもあるでしょう。

しかし、それをアンケートに取って発表することで、もともとは個人的な小さい不満でも、全社員の間で増幅されて共通認識となってしまいます。不満を感じたことのない人も、「そう言えばそうだ」と不満に感じてしまうのです。

その結果、会社に対する不満がどんどん増幅されて、不満の塊になり、会社は滅茶苦茶になってしまうのです。

そうなると、もう手がつけられなくなります。会社からどんどん人がいなくなってしまう、ということも実際にあったようです。

もしアンケートを取るのなら、匿名ではなく記名で、誰にも見せずに経営者だけが見ればよいのです。もちろん、何を書いても、あとで書いた社員を報復的に処分するというようなことをしないのが前提です。

ただ、社員の脳が「よしっ！　やってやるぞ！」とプラスになっていれば、不満が噴出するというようなことにはならないはずです。

なぜなら、不満に思うようなことがあれば、自ら解決策を考えて、行動に移してい

アンケート結果
発表!!

るはずだからです。

それができていないということは、脳がマイナスの状態になっていて、前向きに行動できない表れです。

まず、そのような脳の状態をプラスに変えてあげることが、社員を成長させるために最も重要なことなのです。

第2章

脳から変える No.1社員教育

基礎編

脳の仕組みを理解することから始める

前章では、脳をプラスに変えれば社員はどんどん伸びていく、というお話をしました。では、どうやって脳を変えるのか。それを理解するためには、そもそも脳はどのような仕組みをしているのか、できる人の脳とできない人の脳とではどのような違いがあるのかについて、知っておく必要があるでしょう。

そこで、まずは人間の脳の仕組みをごくごく簡単に説明します。

脳の仕組みを説明する際は、よく大脳、小脳、視床下部……などに分けて、その役割を説明しますが、ここでは、**大脳新皮質**と**大脳辺縁系**、そして脊髄につながる**脳幹**の3つにシンプルに分けて説明します（次ページ図）。

大脳新皮質は、大脳の最も表面に近い層にあり、**「知性脳」**とも呼ばれます。脳と言われると、シワシワの部分を思い出す方が多いと思いますが、それがこの大脳新皮質です。

脳の構造（側面）

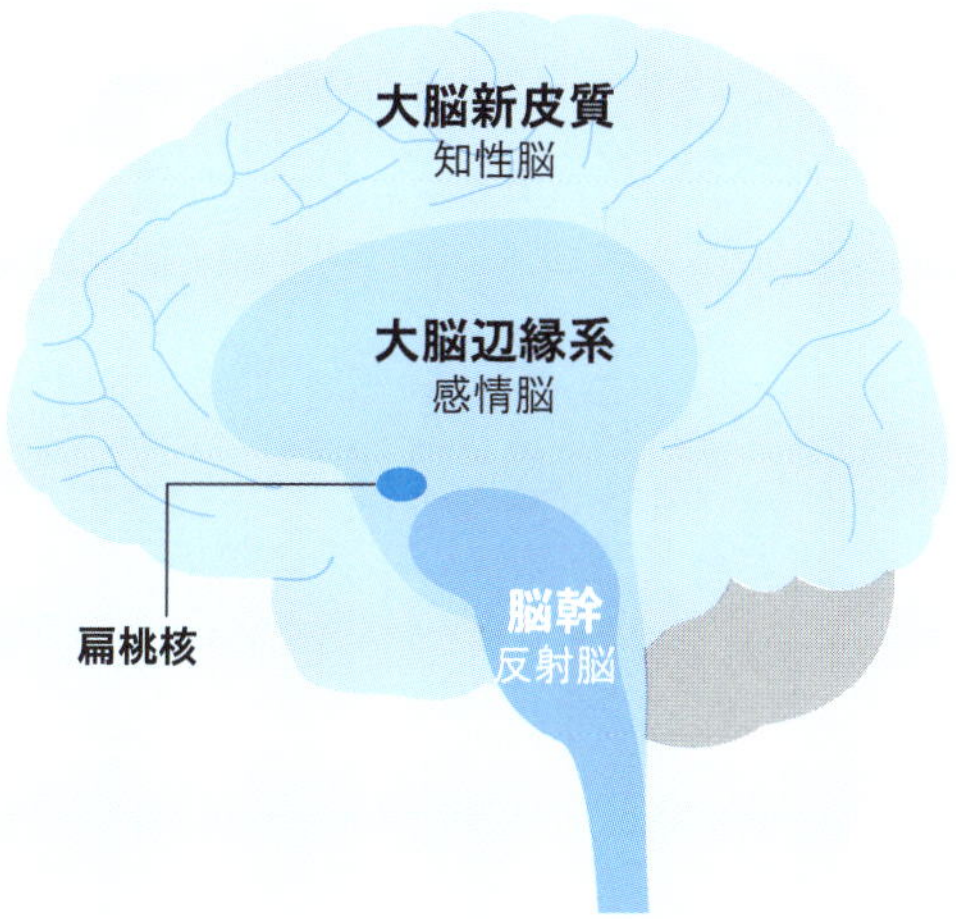

ここは、全身に張り巡らされた神経から電気信号として運ばれてくる、聴覚・視覚・嗅覚・触覚・味覚といった五感の情報を受け取り、その情報を分析・判断し、人間の行動に働きかける部分です。

大脳辺縁系は、大脳新皮質に覆われた中にあり、**「感情脳」**とも呼ばれます。喜怒哀楽といった、人間の感情をつかさどる部分です。この中には、1.5センチくらいの小さなアーモンド形の組織があり、**「扁桃核《へんとうかく》」**と呼ばれます。扁桃核では、快・不快の感情を発生させることがわかっています。この扁桃核については、「脳を変える」ことにおいて大きな役割を持ちますので、後ほど詳しく説明します。

最後に、脳幹は間脳・中脳・橋・延髄などの総称で、感覚神経や運動神経の通路となります。脊髄につながる部分にあり、**「反射脳」**とも呼ばれます。血液中のホルモンの分泌に関わっていて、脈拍や呼吸、血圧、体温など、生命維持において重要な役割を担っています。

ところで、脳には右脳と左脳があることは、皆さんもご存じでしょう。大脳新皮質には、脳を正面から見ると、真ん中に溝が入っていて、右脳と左脳に分けられていま

脳の構造（前面）

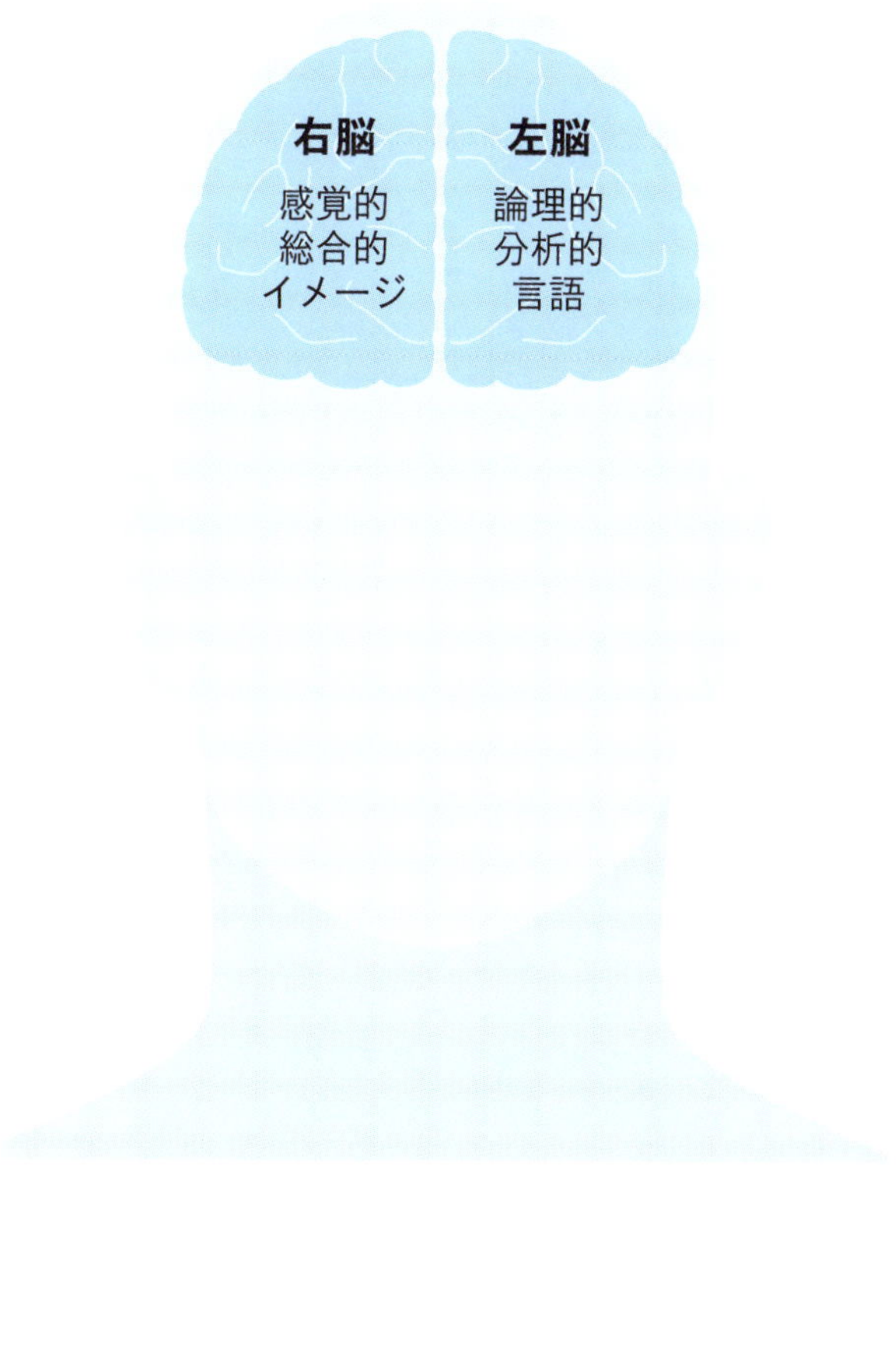
右脳
感覚的
総合的
イメージ
左脳
論理的
分析的
言語

す。自分から見て右手側が右脳、左手側が左脳ですね（前ページ図）。

よく、右脳は図形や音楽など、左脳は計算や論理思考に関わっていると言われますが、それを言い換えると、次のような役割分担になります。

右脳＝感覚的・総合的・イメージ
左脳＝論理的・分析的・言語

ごく簡単に言うと、右脳に蓄積されたイメージを左脳が分析する、ということです。右脳のイメージである映像や画像などを分析して、言語にするのが左脳の役割です。

右脳のイメージ記憶力は優れていて、左脳の100万倍とも言われています。本を読んだりして目に入ってきた情報は、文字であってもイメージ画像として右脳で捉えています。受験生が漢字や英単語を覚えるために、ひたすらノートに書くのは、この右脳のイメージ記憶力を利用したもので、理にかなっています。

一方、左脳は記憶力があまりありません。人が何かを覚えるときは、必ずイメージとセットになっています。例えば、名刺交換をしたときは、名刺に書かれている情報だけではなく、相手の顔や服装といった他の情報とセットで覚えるはずです。

つまり、記憶力を向上させるには、右脳を鍛えるといいのです。

ところが、この右脳のイメージ記憶には、少しやっかいなところがあります。それは、**「マイナスの感情を伴った経験を記憶しやすい」**ということです。これについては、後ほど詳しくご説明します。

天才も凡人も同じ脳を持っている

では、ここで皆さんに質問です。

天才発明家として知られるエジソンと、大学を何度受験しても失敗する受験生では、どちらの脳細胞の数が多いでしょうか？

正解は簡単です。脳細胞の数に違いはありません。

脳は、約１６０億個の細胞でできています。これは、天才と呼ばれる人の脳でも、凡人の脳でも同じです。しかも、細胞の性質にも違いはありません。

では、いったい何が違うのでしょうか？

それは、脳そのものではなく、脳で何を考えるのか、つまり考えていることの中身の違いです。

一般人の多くは、「成功するのは難しい」と思っています。例えば、米メジャーリーグのニューヨーク・ヤンキースに所属する田中将大投手は、日本の東北楽天ゴールデンイーグルスに所属していた２０１３年のシーズンに、開幕から24連勝という偉業を成し遂げました。

このことを、多くの野球ファンは「今後、この記録はなかなか破れないだろう」と思ったはずです。また、野球をやっている高校生や大学生、プロの選手の中にも、「自分にはできない」と思っている人がたくさんいるはずです。

そこが、「天才と凡人」「成功する人としない人」の違いなのです。

天才と呼ばれる人や、成功する人は、「できない」「難しい」とは思いません。一方で、凡人や成功しない人は、「成功することは難しい」と思っています。

こう言うと、「成功すると思うだけで成功すれば苦労しない」と反論する人もいるでしょうが、それは嘘だと断言します。**実は、成功すると思うだけで、成功するものなのです。要は、成功すると思うことが難しいから、成功できないのです。**

つまり、「脳を変える」というのは、この「〃できる〃と思うことができない脳」を、「〃できる〃と思うことができる脳」に変えることです。能力を発揮できない社員、やる気の出ない社員を、やる気満々で能力を発揮できる社員に育てるには、「自分はできる」と思い込ませることから始めるのです。

先ほども述べましたが、天才と呼ばれる人も凡人も、脳細胞の数や性質には変わりがありません。

違うのは、潜在意識につくられた**「常識の枠」**です。

人間の行動は、潜在意識の中につくられた「常識の枠」によって縛られています（次ページ図）。人は、「自分は一生懸命やれば、ここまでできる」と考えますが、何をもって〃一生懸命〃とするかは人によって違います。そして〃一生懸命〃は、その人の**「イメージの枠」**によって決まっているのです。

例えば、理想の低いイメージしか持たない人は、低いイメージの枠でしか行動でき

常識の枠

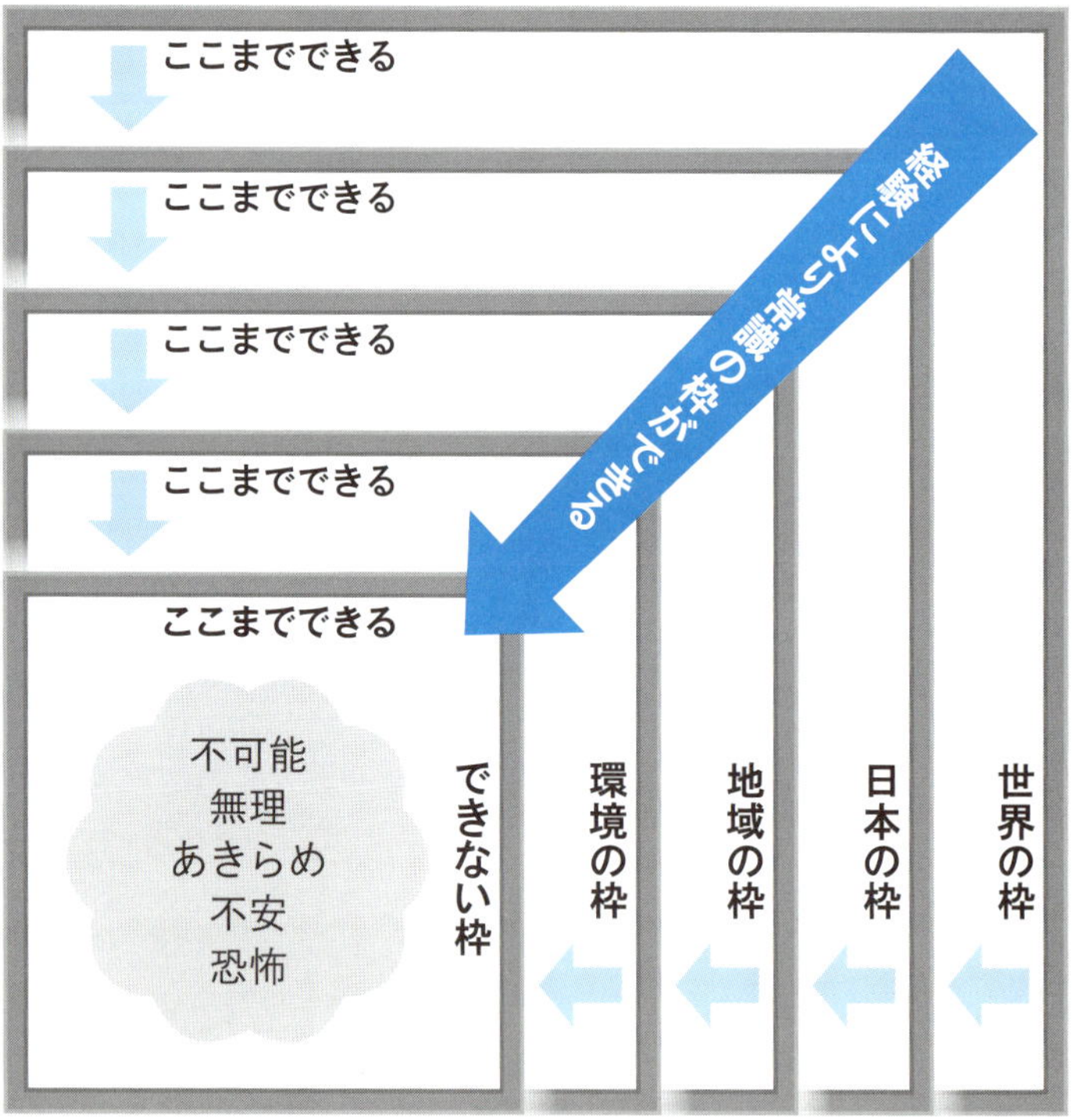

ここまでできる
ここまでできる
ここまでできる
ここまでできる
ここまでできる
経験により常識の枠ができる
不可能
無理
あきらめ
不安
恐怖
できない枠
環境の枠
地域の枠
日本の枠
世界の枠

ません。しかし、高い理想をイメージした人は、高いイメージの枠内で行動できます（次ページ図）。

実際、多くの人が「自分はここまでの人間だ」「自分にはこれ以上できるわけがない」と、過去の経験などから無意識に枠を決めてしまっています。しかし、**やる前からあきらめている人は、それ以上の成長が見込めない**のです。つまり、この〝イメージの差〟が〝行動の差〟となって表れるのです。

このように、成功を信じられる力を私たちは**「成信力《せいしんりょく》」**と呼んでいます。

では、なぜ成功を信じれば成功するのでしょうか？

例えば、勉強嫌いな子どもは、たった45分の授業でも集中力がなくなり、落ち着きがなくなりますが、いざテレビゲームを始めると、何時間でもずっと夢中でやっているということがあります。ゲームをしている間は、休憩もしないし、話しかけても生返事です。

どうしてそんなに集中できるのかと言うと、テレビゲームには、次々と課題をクリアして得られる成功があり、その成功が肯定的にイメージできてワクワクしているからです。

イメージの枠

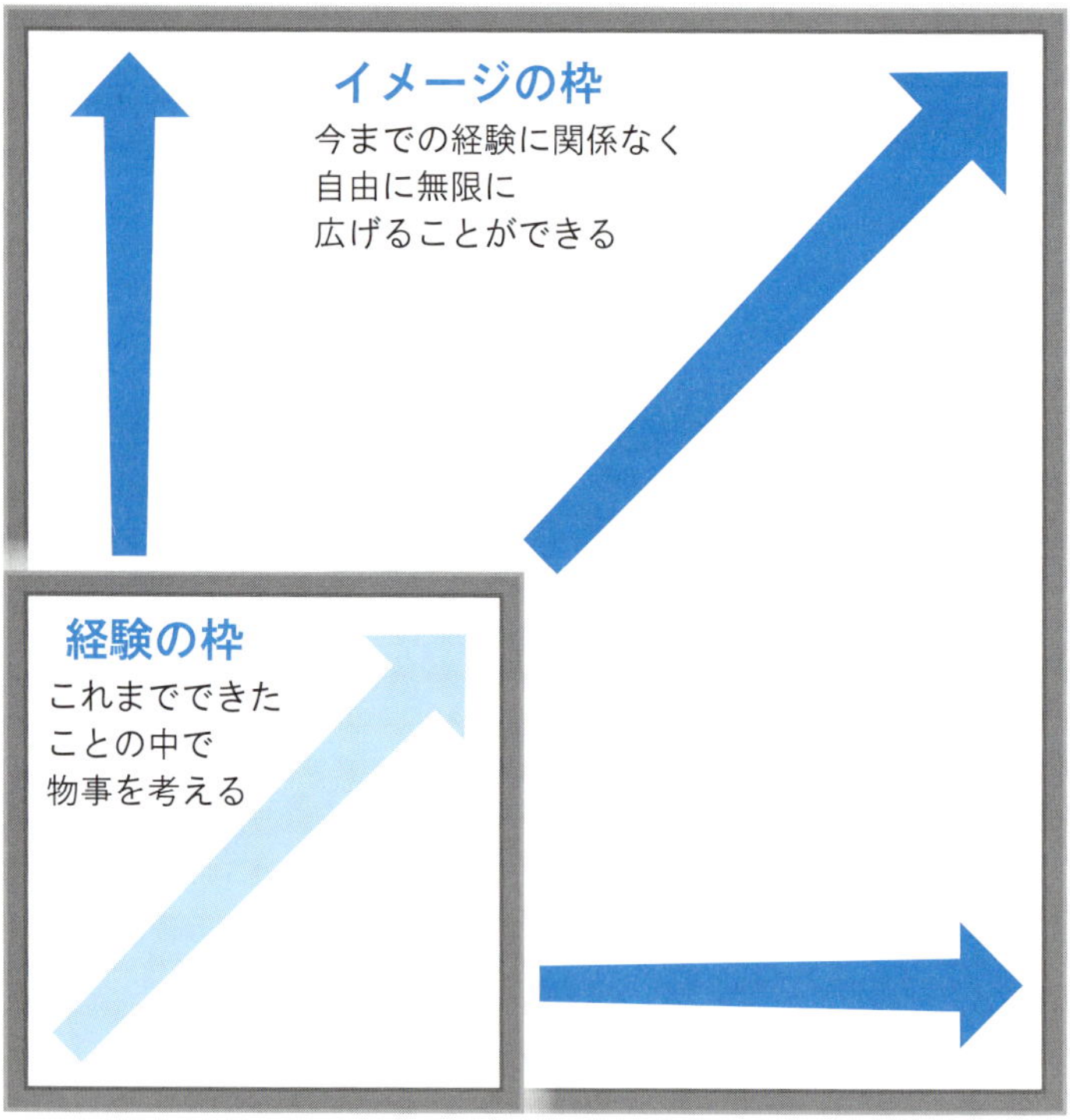
イメージの枠
今までの経験に関係なく
自由に無限に
広げることができる
経験の枠
これまでできた
ことの中で
物事を考える

逆に、勉強は成功のイメージを描きにくいものです。とくに勉強嫌いの子どもは、成功よりも「やらなければならない」というマイナス感情が先に立ってしまいます。

一般的に、何かをやり抜こうとするときの意志の力を「精神力」と言いますが、将来に対する肯定的なイメージがないと、人間は頑張れません。精神力をつけるためには、まず「成信力」がなければならないのです。

潜在能力を発揮している人は全体の5%

「成功を信じて行動していれば、人間は必ず成功する」と言っても過言ではありませんが、実際に成功する人はほんのひと握りです。

現実に能力を発揮している人は、本当に成功すると思っている人で、全体から見ると5%くらいでしょう。残りの95%の人は、成功を信じて行動できていない人と言えます。

そもそも、成功する人、天才と呼ばれる人は頭が良くて、凡人は頭が悪いから成功できないと考えがちです。しかし、それはまったく違います。**成功できない人は、“頭が良すぎる”のです。**

ここで、脳の仕組みに話を戻します。

大脳辺縁系は感情脳、大脳新皮質は知性脳、脳幹は反射脳だと述べました。さらにつけ加えれば、感情脳は、知性脳、反射脳に強い影響を与える構造になっています。感情脳がマイナスになると、知性脳がマイナスイメージとなり、反射脳からはマイナスのホルモンが分泌されます。

つまり、頭が良い人は、余計なことまで考えすぎてしまい、潜在意識の中で枠をつくり、マイナス感情となって、結果、思考も体調も行動もマイナスになるのです。

しかも、脳は潜在意識の記憶データを活用しています。潜在意識の中には、過去に見たもの、聞いたもの、思ったこと（感情）、口に出したこと、イメージしたもの……など、さまざまな記憶が蓄積されています。マイナスの感情から思ったこと、口に出したこと、イメージしたものなどは、潜在意識にはっきりと刻み込まれ、行動に影響を与えてしまいます。それで、成功を信じて行動することができなくなるのです。

SBTは「成功のためのプログラム」

では、無意識のうちにマイナスの感情に取りつかれ、マイナスイメージを植えつけられ、マイナス思考となった脳をプラス思考に変えるには、どのようにすればいいのでしょう?

その答えが、これから説明する、「SBT(スーパーブレイントレーニング)」です。これによって、それまであらゆる面で消極的だった社員の皆さんが、積極的に動き出すようになるのです。

SBTは、大脳生理学と心理学に基づいた「成功のためのプログラム」です。

人は誰でも、脳細胞の数や性質、仕組みは同じです。個人の能力差は、潜在意識などの心理面に原因があります。それらを意図的にコントロールするのが、SBTなのです。

メンタルトレーニングは、呼吸法でリラックスする、気合を入れるといったテクニックが中心です。もともと素質や能力のある人、つまり基礎ができ上がっている人が、持っている能力を引き出すための心理的な手法によるところが大きく、今ある力を本番で発揮するためのものと言えます。

しかし、メンタルトレーニングで目標を設定して、成功している姿をイメージするだけでは、モチベーションは十分に上がりませんし、バーンアウト（燃え尽き）を克服するのが難しいという問題があります。また、成功のためには、人間的な成長が不可欠ですが、心理的な手法だけでは内面を変えるところまで行きません。

そこで、脳の領域に踏み込み、普段から脳を最高の状態にして、潜在能力を発揮させる——。つまり、今ある能力の底上げをしていこうというのが、ブレイントレーニングです。

SBTは、ブレイントレーニングで今ある能力を引き上げ、メンタルトレーニングで能力を最大限に発揮するという両面のトレーニング法なのです。

100の力の人に200の力を発揮させる

基本的に、人間には2つの能力が備わっています。

ひとつは、実力を蓄え、着実に伸ばす**「保有能力」**、もうひとつは、蓄えた実力を発揮する**「発揮能力」**です。

わかりやすくするため、自動車の燃料タンクに例えてみましょう。タンクに満タンに入った燃料を無駄なく完全燃焼させるのが「発揮能力」です。この能力が低い自動車は燃費も悪いでしょうし、不完全燃焼で故障も多くなります。

一方「保有能力」は、タンクに燃料を貯める能力、さらにはタンクを大きくして貯められる燃料の量を増やせる能力です。つまり、保有能力を伸ばしてたくさんの燃料が貯められるようにし、発揮能力を伸ばしてそれをフルに燃焼できるのが理想の自動車というわけです。

メンタルトレーニングで鍛えられるのは、2つのうちの発揮能力です。つまり、メンタルトレーニングで力を発揮するには、もともとある程度の能力を持っていることが前提となります。

例えば、高校野球で、毎年地方予選を1回戦で敗退し、「弱小」と呼ばれている学校が甲子園に出場しようとして、果たして出場できるでしょうか？

メンタルトレーニングに力を入れただけでは、おそらく出場できないでしょう。もともと出場できるほどの地力がないからです。

優秀な選手を集めていながら、本番に弱いとか、力を出し切れていないときなどに有効なのが、メンタルトレーニングです。メンタルトレーニングでは、もともと100の力を持った人が、100に近い力を出すことできますが、もともと20しか力のない人では、フルに力を出しても20にしかなりません。

一方、ブレイントレーニングで鍛えられるのが保有能力です。つまり、持っている力のキャパシティ自体を伸ばしていくのに有効なトレーニングです。

メンタルトレーニングとブレイントレーニングの両面を備えるSBTは、日々の練習で保有能力を伸ばし、それをフルに発揮することができます。つまり、もともと20しか力のない人が、30、40、ひいては100の力を出すことができるようになります。

100の力を持つ人は200の力を発揮できるかもしれません。

SBTを取り入れたある高校のラグビー部は、学校の方針で週2回1時間の練習しかできないにもかかわらず、全国大会への出場を果たして話題となりました。

もちろん、全国大会に出場するチームをつくるには、練習や肉体的トレーニングによる技術面、体力面の鍛錬が必要ですが、SBTによって脳がプラス思考・プラスイメージ・プラス感情に変わったからこそ、逆境をプラスに変え、結果が残せたと言えるでしょう。

成功するには「優越の錯覚」が必要

SBTで行うトレーニングを説明する前に、大脳辺縁系にある扁桃核について、ここで詳しく説明しておきます。

先ほど、扁桃核は、1.5センチほどのアーモンド形をしていて、快・不快の感情を発生させると説明しました。この「快・不快」というのが、人間の意識や行動に影響を与えるのですが、具体的には次のような感情のことです。

「快」の感情＝好き・楽しい・幸せ・うれしい・気持ちいい
「不快」の感情＝嫌い・つまらない・不幸・悲しい・気持ち悪い

ほかにも、「ワクワクする」は快の感情で、「ムシャクシャする」とか「ムカムカ」「イライラ」は不快の感情です。それらの感情を瞬時に判断するのが扁桃核です。実際、サルの扁桃核を破壊すると、ヘビを見ても恐怖を感じることがなくなるという実験結果があります。

神経細胞から脳に情報が伝わったとき、扁桃核は快・不快を一瞬で判断します。本来なら、イヤなことや苦しいことがあれば、扁桃核は一瞬で不快と判断し、不快の感情を発生させるでしょう。その結果、これも一瞬で人間の意識やイメージ、行動が一気にマイナスになっていきます。

しかし、ＳＢＴでは人間の脳に**「優越の錯覚」**を起こさせます。

「優越の錯覚」というのは、「自分は平均よりも優れている」と思う心理的錯覚のことです。逆に、「自分は平均よりも劣っている」と思う心理的錯覚を**「劣等の錯覚」**と言います。

優越の錯覚をした脳は、イヤなことや苦しいことがあっても、気にならなくなります。つまり、不快の感情が発生しないということです。むしろ、イヤなこと、苦しいことを楽しむ余裕まで出てくるのです。

逆に劣等の錯覚をした脳は、イヤなことや苦しいことばかりが気になって、どんどん不快の感情が生み出されていきます。

例えば、明日、急に大事なプレゼンテーションが行われることになったとします。現時点で準備ができていませんから、慌ててデータを集めたり、資料を作成したりしなければなりません。しかし、このプレゼンに成功したら、大口の契約が約束されているとします。

こんなとき、劣等の錯覚をしている人は、「今からやっても間に合わない」「成功するわけがない」と思って、不快の感情しか生まれず、プレゼンの準備が億劫になっていきます。そして、プレゼンは散々な結果になるのです。

しかし、優越の錯覚をしている人は、プレゼンに成功すると大口の契約が得られるということにワクワクします。時間のない中で、データを集めるのも、資料を作成するのも苦しいことのはずですが、その状況を楽しむことができるのです。結果、プレゼンも成功する可能性が大いに高くなります。それは、扁桃核が快の感情を生み出し、成功を信じたことによって行動した結果なのです。

物事にチャレンジして、成功すると肯定的な感情が生まれ、逆に失敗すると否定的な感情が生まれますが、**否定的な感情に支配されていながら成功するということはあり得ません。**肯定的な感情があるから成功するのです。

スポーツなどで、試合に勝ったり記録を出したりした人が、インタビューで「ワクワクした」と言っているのを聞いたことがあると思います。しかし、それは正確ではありません。**成功したからワクワクしたのではなく、チャレンジすることにワクワクしたから成功したのです。**

つまり、何らかのチャレンジに対して、常にワクワクして、肯定的な感情を抱いていれば、成功に導くことができるのです。社員の皆さんにも、この感覚を持ってもらうことが大切です。

マイナスの脳をプラスの脳に変える

ひと言で「肯定的な感情を持つ」と言ったところで、そう簡単にはいきません。順風満帆に、何の苦労もなく人生を送ってきた人というのは、ほぼ皆無でしょう。長い人生を生きてきた中で、たくさんのイヤなこと、つらいことがあったはずです。

人間の脳は、そんな人生を過ごす中で抱いてきた否定的な感情で支配されています。急に、「肯定的に」「ワクワクして」などと言っても無理な話です。

では、マイナス感情・マイナスイメージ・マイナス思考で満たされたマイナスの脳を、プラス感情・プラスイメージ・プラス思考で満たされたプラスの脳にするには、どうすればいいのでしょうか?

劣等の錯覚に陥っている人に共通しているのは、**「自己肯定感」**が低いことです。例えば、「自分は学歴もたいしたことないので、出世なんかできない」とか、「外見が悪いので、女性にモテない」などと考えてばかりいると、自分自身を肯定することはできません。

しかし、自己肯定感が低くなる原因を取り除くことは難しくありません。その一番の方法は、どんなことでも、すべて前向きな表現に変えてしまうことです。

例えば、自分の外見が、他人より劣っていると考えているとします。表現は悪いですが、自分が「ハゲでデブでブサイク」だったとしましょう。

次のセリフを頭の中に浮かべてみてください。


「どうせ自分はハゲだから、女性にモテるわけがない」

「どうせ自分はデブだから、女性にモテるわけがない」

「どうせ自分はブサイクだから、女性にモテるはずがない」


どうでしょうか？　どんどん気が滅入ってくるのではないでしょうか。脳がマイナスに振れている証拠です。

それでは、今度はマイナスに振れた脳をプラスにしていきます。次のセリフを頭の中に浮かべてみましょう。

「今はハゲがモテる時代！　ハゲはモテる！」
「今はデブがモテる時代！　デブはモテる！」
「今はブサイクがモテる時代！　ブサイクはモテる！」

一見、単なる負け惜しみを言っているように聞こえますが、本気で堂々と宣言すれば、脳にはちゃんとプラスに働きます。

こうやって、**自己肯定感を意図的に高くすることで、扁桃核から快の感情が発生し、脳は優越の錯覚に変換されていきます。**

また、どんなことでもいいので、ひとつの長所を徹底的に伸ばすのも、優越の錯覚には有効です。本当に何でも構わないので、自分はこれなら人に負けないというものを見つけて、伸ばしていきましょう。

このことを社員教育の場で行うのもいいでしょう。朝礼でも構いません。社員が一人ずつ前に出て、「社内No.1宣言」をするのです。

「私は、朝一番に出社する社内No.１です」
「私は、パソコンの知識では社内No.１です」
「私は、宴会で盛り上げる社内No.１です」
「私は、挨拶の声の大きさで社内No.１です」
「私は、徹底的に掃除することで社内No.１です」

このように、ちょっとしたことでも、社内No.１であることを堂々と宣言すれば、脳は優越の錯覚を得られます。この〝堂々と〟というのが肝で、「こんなNo.１しか浮かばない」「こんなこと言って恥ずかしい」という思いがあると、宣言をすること自体が苦痛になり、扁桃核から不快の感情が出ます。

誰かが宣言をしているときは、周囲は決して笑ったり、チャカしたりしてはいけません。宣言を受け入れて、No.１であることを称えるようにしなければなりません。

優越の錯覚について、もうひとつお話しましょう。

普段は、4畳半ひと間の古アパートに住みながら、車だけは高級な外車やスポーツカーに乗っているという人がいます。そこまで極端でなくても、普段の食費を切り詰めて、毎年海外旅行に行ったり、高級ブランド品を買ったり、ジュエリーを身につけたり、ということをしている人はたくさんいると思います。

狭い道の多い日本では、大きな外車より軽自動車のほうが便利ですし、ブランド品よりも実用的な製品はたくさんあります。にもかかわらず、外車に憧れ、ブランド品やジュエリーに身を包むのは、なぜでしょうか？

それは、少しでも他人よりも高級なものを手にすることで、優越の錯覚を得ようとしているからではないでしょうか。普段は牛丼チェーンで安く済ましている人が、高級ホテルのランチを食べに行くということになると、行く前からワクワクすることでしょう。

買い物や食事だけではありません。「○○については、他の人よりもちょっと詳しい」とか、「私は、あいつよりも伝票計算が速い」などと、他の人より優れていると感じると、優越感を持ちます。それが、すべての原動力になります。

つまり、**人は、知能や技術、望ましい性格、人間性などにおいて、自分が平均より**

上だと思うことで、未来への可能性を信じることができますし、目標に向かって努力することもできるのです。

根拠のない自信も確信に変わる

私は、新入社員に向かって、「〝アホ〟になれ」とよく言います。極端な話ですが、〝アホ〟になれた人間こそが、成功を収めることができると考えています。

なぜなら、**「アホ」＝「身のほど知らずの人」のほうが、自分にブレーキをかけることなくチャレンジできて、成功をつかみ取れる可能性が高い**からです。

例えば、サッカーでゴールキーパーの選手が「俺はいつか日本代表の守護神になる！」と言ったところで、根拠がなければただの妄想です。周囲から「身のほど知らず」と鼻で笑われるのがオチでしょう。しかし、「必ず日本の守護神になる」と心から思わない限り、絶対にそうはなれません。

これは弊社を訪れたある有名選手の実話です。サッカーの日本代表の守護神を目指していた高校時代、彼はＪ１チームのセレクションに落ちてしまい、Ｊ２のチームにしか入れませんでした。Ｊ１チームに入れなかったということは、当時の彼には才能がなかったということです。しかし、彼は「日本代表の守護神」という夢をあきらめず、Ｊ２にいる頃から日本代表でプレーする自分の姿をイメージし続けていたのです。

そして、さまざまな壁を乗り越え、数少ないチャンスをものにして、ついにワールドカップで日本代表の守護神としてプレーすることになったのです。

彼が守護神になれた理由は、他の選手以上に「日本代表の守護神になる」という強い思いがあったからでしょう。もちろん実力も大事ですが、「思い」がないと現実にはならないのです。

ただ、アホになって、「自分は必ず成功する」などと言っていても、それは思いがカラ回りするだけで、「根拠のない自信」に過ぎません。

「根拠のない自信」を「根拠のある自信」にするには、文字通り「根拠」が必要です。言い換えると、ちょっとした根拠があれば、「根拠のある自信」となり、それは「確信」へと変化します。

その根拠というのが、「日々の積み重ね」です。いきなり大きな目標を立てて、「やるぞ」と言ったところで、明日いきなり目標が達成できるわけではありません。未来の大きな目標を達成するには、それを日々の行動に落とし込む必要があります。

本書では、大きな目標を設定し、それを日々の行動に落とし込む方法について、第4章で詳しくお話していきます。そこでお話することを、毎日実践していくことで、漠然としていた「根拠のない自信」が「確信」へと変化するのです。

実は、この〝毎日〟というのがポイントです。大きな目標を達成するには、5年、10年単位の長い期間が必要になります。

その間、あきらめない心を維持することが大事なのです。先ほどのサッカー選手も、ずっと「日本代表の守護神になる」と思い続けていたからこそ、栄光を手に入れることができたのです。

長期にわたって思いを持ち続けるには、目標や思いを毎日反復することが重要になります。

ここで、水道の蛇口からポタポタと水滴が落ちて、それが空のコップに溜まっていく様子を思い浮かべてください。

初めのうちは、コップの底のほうで水が少しずつ溜まっているだけで、見た目にほとんど変化がありません。しかし、時間が経ってくると、コップいっぱいに水が溜まり、最後には溢れてしまいます。

この一滴一滴が、日々の行動、溢れた状態が目標達成の状態です。溢れるまでには時間がかかっても、いつかは溢れます。途中でやめてしまわずに、毎日積み重ねていくことで、必ず成功するのです。

私たちはそういう社員教育を多くの会社で実践し、成果を上げてきました。

潜在意識を変えて眠っている能力を起こす

ビジネスの世界で「成功」と言えば何でしょうか?

開発部門で言えば画期的な新製品を開発すること、営業部門で言えば驚異的な売上を上げることが成功でしょう。その他の部門でも、「成功」と言えるものが必ずあるはずです。会社全体の成功もあれば、部門別の成功、チームとしての成功、そして社員個人の成功があります。社員はみんな、成功を目指して一丸とならなければなりません。

しかし、社員の中に「成功しないだろう」と思っている人が必ずいます。そんな人の脳を変えて、みんなが「成功できる」と信じるチーム・会社にすることが本書の目的です。


そもそも、ビジネスの世界で成功するのは、そんなに難しいことなのでしょうか？

陸上選手が１００メートルを８秒台で走れるように努力することと比べたら、それほど難しくはないはずです。

スポーツの世界において、ライバルに勝ったり、大記録を残したり、メダルを獲得したりするには、食事・トレーニング・睡眠・メンタルなど、さまざまな管理が必要になります。ケガをしてしまうと、そこで夢がついえることもあります。

一方で、ビジネスの世界で成功を収めるためには、そこまでする必要はありません。

そもそも、日本には東証（一部・二部）に上場している企業が約２３００社あります。

つまり上から１０００番目の企業でも上場企業ですし、１万番目でも地元の優良企業

郵便はがき

料金受取人払郵便

牛込局承認

2081

差出有効期間
令和５年４月
15日まで

162-8790

東京都新宿区原町3-61 桂ビル

株式会社　現代書林
「元気が出る本」出版部

『脳から変えるNo.1社員教育』

ご愛読者カード係 行

フリガナ お名前	年齢　　歳 性別（ 男・女 ）
ご住所 〒 TEL （ ） FAX （ ）	
ご職業	役職
ご勤務先または学校名	
ご購入書店　　市　　書店	ご購入日　　月　　日
小社の新刊情報等の送付を希望されますか。（ご希望の方は、メールアドレスをご記入ください） 1 希望する　　2 希望しない Eメールアドレス	

現代書林の情報はhttp://www.gendaishorin.co.jp/

●ご愛読者カード

脳から変えるNo.1社員教育

現代書林の本をご購読賜り、誠にありがとうございました。弊社の今後の出版企画の参考とさせていただくため、下記の質問にお答えください。また、本「ご愛読者カード」を参考資料として著者に提供してもよろしいでしょうか。

□ 承諾する

●お買い求めの動機をお教えください。

1 著者が好きだから　2 人にすすめられて
3 タイトルが気に入って　4 装丁が気に入って　5 店頭で見て
6 新聞・雑誌の広告を見て（掲載紙誌名　）
7 その他（　）

●本書をお読みになったご意見・ご感想をお聞かせください。

※あなたのご意見・ご感想を新聞、雑誌広告や小社あるいは著者が代表を務める株式会社サンリのHP、メールマガジンなどで……

1 掲載してよい　2 掲載しては困る　3 匿名ならよい

●スーパーブレイントレーニングに関する資料等をご希望されますか。資料をお送りするため、このカードを株式会社サンリに提供してもよろしいでしょうか。

□ 承諾し、資料を希望する。

●ご購読新聞名・雑誌名、ご利用ポータルサイトをお教えください。

新聞　雑誌　サイト

●今後お読みになりたい本をお教えください。（著者やテーマなど）

ご協力ありがとうございました。

と言えるでしょう。スポーツの世界より断然簡単なはずです。

人間は、自分が思っている以上のことができるだけの能力を持っています。**劣等の錯覚に陥っている人は、自分が思っている能力だけで判断して「できない」「無理」と思っているだけに過ぎない**のです。

その眠っている能力を起こすカギとなるのが、ＳＢＴなのです。

先述しましたが、人間の脳は、潜在意識の中にある記憶データを活用しています。人間が歩き方を一度覚えてしまうと、よほどのことがないと歩き方を忘れて立ち往生するということはありません。算数の九九も、一度覚えると忘れることはほとんどないでしょう。

これは、「意識」して覚える行為を何度も反復することによって、潜在意識に落とし込み、覚えたことが自動プログラムとなって、「無意識」でもできるようになっていくからです。

潜在意識の記憶データは膨大で、人間はその記憶に支配されていると言っても過言ではありません。**眠っている能力を起こすには、この潜在意識を変えるのが最も早い**

方法なのです。

潜在意識の中にある膨大な記憶データは、右脳のイメージで記憶されています。つまり、右脳をコントロールすればいいのです。

右脳は、感情を伴った記憶ほど忘れません。しかも、マイナスの感情を伴ったときのほうが覚えているものです。例えば、こんな感じです、

①否定的な言葉を発したとき——
▼口に出して「できない」「イヤだ」と言う。
②フッと否定的なことを思ったとき——
▼口に出さないまでも、「できない」「イヤだなあ」「つらいなあ」などと思う。
③否定的な動作をしたとき——
▼弱気で元気がないと思われるような動きをする。
④否定的な表情をしたとき——
▼弱気で元気がないと思われるような顔をする。

このように、言葉や行動、表情、考え方に、マイナス感情が表れると、右脳はすべて記憶してしまいます。

しかも、**人間の脳は、イメージしたことと、実際に体験したことを判別できません。**実際にイヤなことがあったときだけではなく、「失敗するかも」「イヤな目に遭うかも」などとイヤなことをイメージしただけであっても、否定的な経験として記憶してしまうのです。

さらに悪いことに、人は無意識のうちに、否定的なイメージを1日に数えきれないほど繰り返しています。それが潜在意識に記憶され、人間が能力を発揮するのを妨げているのです。

しかも、それは無意識で行われます。つまりいつ否定的なイメージをしたか、マイナス思考になったのか気づいていないのです。

なぜ無意識なのかと言うと、過去の記憶データによって無意識化されているからです。「仕事＝苦手」「読書＝苦手」……などと記憶データに蓄積されていると、仕事や読書の度に扁桃核が不快になり、マイナス思考になります。

つまり、「読書＝苦手」の記憶データが蓄積されている人は、本を手に取るだけで

プラス言葉とマイナス言葉

プラス言葉

- 明るくなる言葉
- 元気になる言葉
- やる気が出る言葉
- 優しい言葉
- 感謝の言葉
- 人をほめる言葉

例

嬉しい
ありがとうございます
ツイてる
楽しい
幸せだ
簡単だ
感謝しています
顔晴ります
豊かだ
できる
いける
大好き
充実している
面白い
素晴らしい

マイナス言葉

- 暗くなる言葉
- 元気がなくなる言葉
- 不平、不満
- 悪口、文句
- 泣きごと
- 心配ごと

例

嫌だ
難しい
できない
忙しい
困った
疲れた
つらい
ムカつく
ダメだ
ヤバい
許せない
苦しい
問題だ
つまらない
不幸だ
だるい
ツイてない

無意識にマイナス思考になる……という悪循環に陥っているのです。

これは「脳の条件反射」とも言うべきでしょう。

すぐに「できない」「無理だ」「イヤだ」と思ったり、愚痴や不平を口にしたり、言われたことをすぐにしないで逃げようとしたり、すぐに「ハイ」と言えなかったりする、いわゆる**「否定的条件反射」**に陥っている人は、何をやってもうまくいかない人間となってしまいます。

一方、すぐに「できる」「大丈夫」と簡単に思えたり、言われたことはすぐやる、逃げない、返事が早いといった**「肯定的条件反射」**の人は、どんどん成功に導かれやすいのです。

つまり、**何があってもプラス言葉を発する、プラス動作・表情をする、プラスイメージをする、ということを心がけていれば、潜在意識にプラスの記憶データが蓄積され、肯定的条件反射となる**のです。

前ページに、プラス言葉とマイナス言葉の例を掲載しました。ぜひ参考にしてください。

脳への入出力がプラス思考を強化する

右脳には、見たもの、聞いたもの、感じたものすべてが入ってきます。つまり、五感で得た情報のすべてが、一旦右脳で記憶データとして蓄積されるのです。

例えば、レモンや梅干しを見ると、食べていないのに口の中に唾液が溜まります。これは、過去にレモンや梅干しを食べたときのことを記憶しているからです。実際に、MRI（核磁気共鳴画像）装置を使って調べた実験でも証明されています。梅干しを実際に食べたときと、梅干しを食べることをイメージしたときとでは、両方とも脳の同じ部分が活性化していたのです。

そこで、これを脳の働きに置き換えると、レモンや梅干しのイメージが右脳に入ることが「入力」、唾液が出るのが「出力」となります。

そして、言葉や動作などの出力は、そのまま脳に再入力されます。つまり、唾液が出たということが、また脳に再入力されるわけです。そうやって、どんどん記憶が強化されていくわけです。

この「入力↓出力↓強化」を「脳のサイクル」と言います（次ページ図）。

この脳のサイクルの中で、扁桃核は快・不快の感情を出し続けます。例えば、このようになります。

イヤなことをイメージする（入力）

←扁桃核が不快になる

←「イヤだなあ」と思う・口に出す（出力）

←イヤだと言っていることを感じる（再入力）

←扁桃核がどんどん不快になる（強化）

脳のサイクル

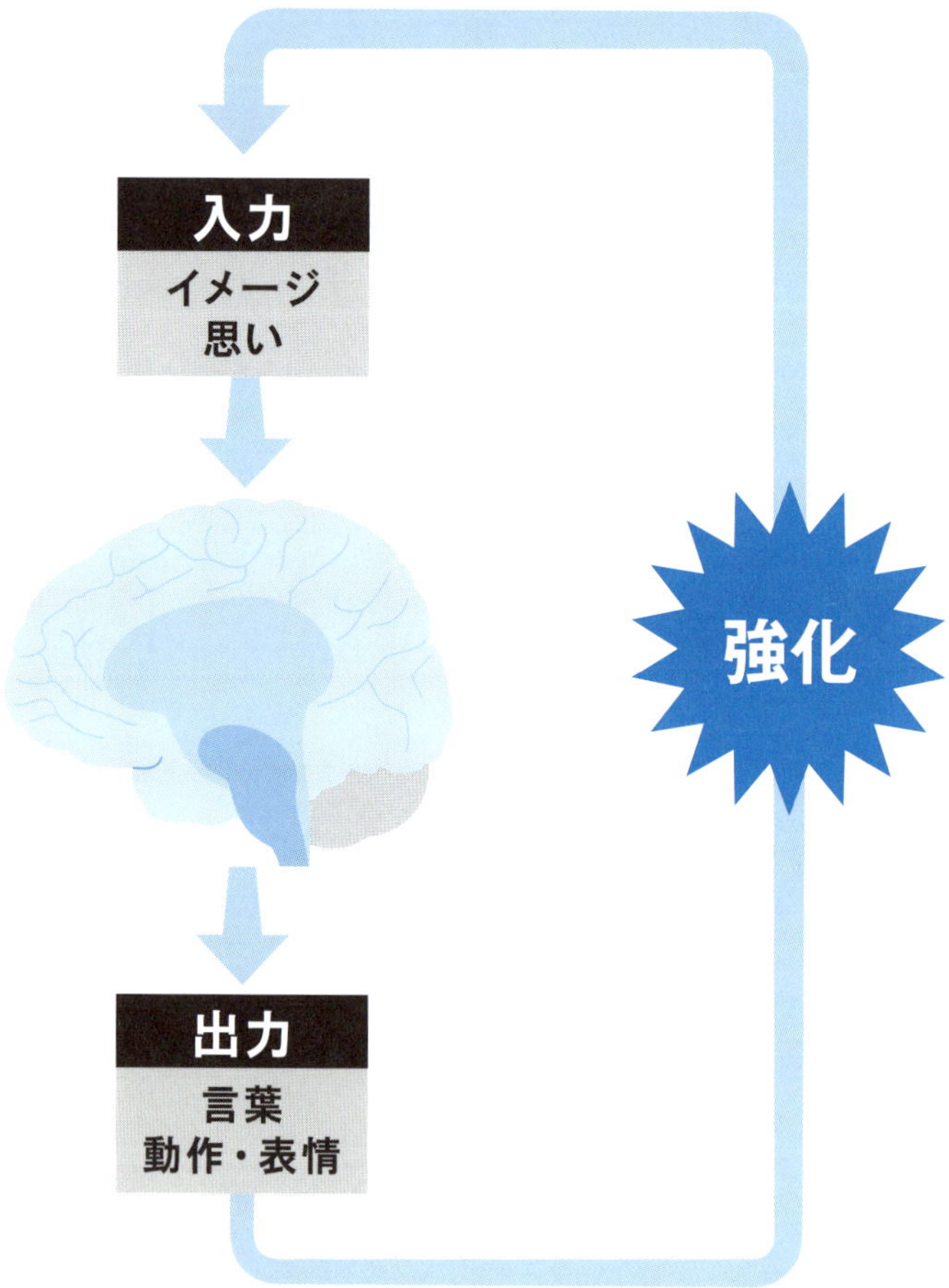

このサイクルが繰り返されて、イヤなことの記憶が強化されると同時に、扁桃核の不快の判断がどんどん強化されていくのです。

つまり、イヤなことがあって（イメージして）、扁桃核が不快になったとしても、「楽しい」とプラス言葉を口にしたり、思ったりすれば、再入力時にはプラスのイメージとして入力され、強化されていく、ということです。

さらに、**脳は思ったことよりも、口にした言葉を信用します。また、脳は言葉よりも、動作や表情を信用します。**

「イヤだ」と思っても、口で「楽しい」と言えば、楽しいほうが強化されますし、口でいくら「楽しい」と言っても、イヤな顔や避けるような動作をしていれば、イヤなほうが強化されてしまうのです。


SBTで行うトレーニングは、常にプラスの言葉、プラスの行動・表情を心がけていきます。マイナスのことがあっても、プラスに置き換える訓練です。

ただ、プラス思考と言っても、何があってもプラスのことを出力し続けるのはなかなか難しいことですし、また疲れるだけでしょう。理想のプラス思考とは、起こり得るマイナス状況を事前に想定して、準備をした上で、マイナスの状況になってもその状況を楽しめるという状態です。

また、マイナスの情報が脳に入ってきたからといって、絶対にプラスのことしか出力できないというのでは、逆にストレス要因になりかねません。

ここで有効なのが、**「3秒ルール」**です。

このルールを適用して、最初はマイナス言葉を口にしても、3秒以内にプラス言葉に切り換えればOKとします。

例えば、上司から残業を命じられたときに、思わず「残業かあ……帰りたいなあ」と口にしたとします。

しかし、「残業」という言葉を「仕上げ」に変えると、その日の仕上げを行って、明日につなげるという前向きな行動と捉えられます。

そこで、すぐに「よし、今から仕上げだ！」と宣言することで、脳がプラスに切り換えられるのです。

やる気の源になる5つの動機づけ要因

第1章で、社員にアンケートを取って、不満を明らかにした結果、会社が崩壊してしまうというお話をしました。

社員が会社に不満を持つということは、よくあることです。しかも、不満は聞いてあげると、どんどん増えていく、というやっかいな性質を持っています。不満は聞いてあげてはいけないのです。

私はリーダー向けの教育の場で、よく**「不安は聞いて取ってやる。不満は聞かずにつぶしていく」**と言っています。

社員は、会社に対して不満を持つ前に、不安な状態になります。不安は、マイナス感情・マイナスイメージ・マイナス思考となって、脳が否定的条件反射に陥るもとになります。結果、何があってもマイナスにしか受け取らなくなり、会社などの外部に対して不満を持つようになっていくのです。

そうなると、すべてを自分以外のせいにしてしまい、責任転嫁や被害者意識が増幅されます。

ですから、不満を持つ前の不安の状態のうちに解消してあげないといけません。それには、モチベーションを高めて、脳をプラスの状態に持っていくこと。プラスの脳になっていれば、不満を持つようにはならないのです。

では、モチベーションを高めるには、どうすればいいのか。それには、これから挙げる**「真の動機づけ要因」**が不可欠です。

これは5つあります。すべてが欠かせないもので、社員教育においてもとても重要な部分です。

①達成感

文字通り、目標を達成したときに得られる感情です。右脳がイメージした目標が実現したとき、人は喜びを感じ、脳の快楽中枢からドーパミンが分泌されます。人間の脳は快楽主義者なので、快楽を得るためにより一層努力するのです。

しかし、達成感の前提となる目標を失っていると、もし成果を上げていたとしても喜びを感じることがありません。

無理なノルマを根性で達成させるようなやり方では、「やらされている感」しかなく、快楽を得られません。結果、「頑張っても意味がない」と、次第にチャレンジしなくなります。

❷承認感

これは、他人に認められたときに得られる感情です。「他人に認められる」とは、簡単に言うと「他人に褒められる」ということです。

「褒めて育てる」とよく言いますが、褒めることは相手を承認する行為です。人間は、少なからず「認められたい」「承認されたい」という欲求を持っています。ですから、承認欲求を満たされると、達成感同様ドーパミンが分泌されるので、その喜びを再び味わいたいと一層努力します。

「自分で自分を褒める」「頑張った自分へのごほうび」などは、自分で自分を承認して、今後の自分を鼓舞する行為と言ってもいいでしょう。

③プライド

仕事に対して不平不満を口にしたり、愚痴をこぼしたりしている人は、仕事そのものに誇りややりがいを感じていないことが多いものです。この仕事に対する誇りややりがいが「プライド」で、仕事に対する熱意とも言い換えられます。

仕事にプライドを持てない人は、その仕事の社会的意義、他人にどう役立っているかなどが感じられていないのです。

今やっている仕事が、会社の中でどう位置づけられているか、それが社会にどう役立つのか、あるいは自己実現のためにどう役立つか、といったことを理解させることで、仕事にプライドを持つことができるようになるでしょう。

逆に、仕事に対してためらいや不安があると、行動が曖昧になり、結果に結びつかないということが繰り返され、次第に負けても平気になる〝負けグセ〟がついてしまいます。

④使命感・責任感

自分に与えられた仕事に対して、成し遂げようとする気概や感覚のことです。これらは、さらに2つのタイプに分けることができます。

まずひとつは、「作業に対する使命感・責任感」です。「言われたことはやった」「3時間勉強した」などがこれに当たります。もうひとつは、「結果に対する使命感・責任感」で、「どれだけ新規顧客を獲得したか」「何を学んだか」などがこれにあたります。

作業に対する使命感・責任感だけを重視していると、「これだけのことをやったのだから、もういいだろう」と自分で勝手に満足してしまいがちです。結果が伴って、初めて使命や責任を全うできるということがわかっていないといけません。

また、使命感・責任感というのは、必ず人間関係の中で発生するものです。会社に対する帰属意識、上司に対する尊敬の念、家族に対する愛情や感謝などがない状態では、人は無責任になり、能力はみるみる低下していきます。

⑤昇進感

昇進は、いわゆる〝出世〟のことではありません。自分が「伸びている」「進歩している」という感覚と言ったほうがわかりやすいでしょう。

陸上競技の100メートル走の世界記録は、男子で9秒58、女子で10秒49です(2014年12月現在)。100メートルのように短い距離をわずか10秒前後のタイムで競うような競技では、いっぺんに大幅なタイムの更新ができません。わずか100分の数秒単位の記録更新のために、選手は何年間も厳しい練習を続けるのです。

それだけ努力できるのは、わずかでも記録が伸びているという「昇進感」があるからです。これがなくなったとき、人は燃え尽きてしまいます。

これら5つの動機づけ要因があって、初めてモチベーションにつながっていきます。もちろん、高い報酬や名声といったものもモチベーションにつながりますが、本当に人を動かすのは、お金や名誉ではありません。

会社員が安定した収入を捨てて役者を目指したりするのは、お金や名誉以外の要因があるからです。

さらに、5つの動機づけ要因のうち、ほとんどが満足されていても、どれかひとつでも著しく低下していると、モチベーションどころか、まったく逆の感情さえ生まれます。

例えば、親の育児放棄の問題もそうです。子どもが順調に成長し、達成感、昇進感がそれなりに満たされたとしても、「姑が認めてくれない」「ダンナが認めてくれない」という承認感の不足があれば、育児というものにプライドを持てなくなり、その結果、育児放棄に走ったり、最悪の場合は子どもに憎しみを持ったりするようになります。

このあたりは、ぜひ自社の社員にも当てはめて考えてみてください。

達成イメージがあると脳は楽しくなる

前項の「達成感」のところでも説明しましたが、人間は右脳でイメージした目標が実現したとき、脳の快楽中枢であるA10神経からドーパミンが分泌されます。これが、いわゆる「ワクワク」や「ウキウキ」の感情のもとになります。

人間の行動を左右するのは、このワクワクやウキウキといった〝楽しさ〟です。そして、その楽しいという感情を生むのが、「達成イメージ」です。

実際に達成していなくても、達成するイメージがあるだけで、脳はウキウキしてしまうのです。

また、自分では「今はこの仕事をするのが正しい」と思っていても、まったくやる気が起きないということがあります。逆に「正しくない」と思っていても、楽しくてついやってしまうということがあるはずです。**人間というのは、「正しい」ことよりも、「楽しい」ことのほうが俄然やる気になりますし、続くのです。**

この達成イメージを仕事のシーンに置き換えてみます。

営業社員であれば、普通なら300万円売り上げればいいところを、1000万円売り上げたら、とてもワクワクするはずです。そういう達成イメージを描けば、それだけで営業の仕事が楽しくなります。

数字的な目標でなくても、もし営業先の会社の担当者が、嵐の松本潤だったら、「マツジュンに会えるかもしれない」と思っただけで、女性の営業だったらウキウキして、用がなくてもその営業先を訪ねようとするでしょう。

達成イメージがあるだけでも楽しいのに、達成されればドーパミンが分泌され、脳は快楽で満たされます。

人間は、そのためには、多少のことなら我慢して、努力をするのです。

例えば、芸能人の〝出待ち〟をする人は、劇場の通用口の前で、お目当ての芸能人が出てくるのをずっと待っています。たとえ寒い日や雨の日でも、芸能人に会えるという達成イメージを描いているからです。

テレビゲームなどはその心理を利用したものです。子どもも大人も、一度ゲームを始めると何時間もやめずに続けてしまいます。アイテムをゲットするなど、小さな達成感を要所要所に設定することで、途中でやめられなくなってしまうのです。

一方、ゲームならあれだけ集中できた子どもが、勉強となるとまるで集中できなくなります。

それは、勉強の先に達成イメージが描けていないからなのです。仮に「入試に合格する」という目標があったとしても、合格後のイメージが描けていないと頑張れませんし、たとえ合格だけを目標に頑張ったとしても、合格したとたんに燃え尽きてしまいます。

成功・不成功はワクワクの度合いで決まる

先ほどから、成功を信じていれば、必ず成功するというお話をしてきましたが、もちろん、成功するかどうかは自分を取り巻く環境に大きく左右されます。大学に進学したくても、家庭の経済状況によっては、あきらめなければならないこともあります。しかし、人間は環境だけに縛られているわけではありません。そのことは、同じ環境に置かれた人たちの人生が、同じにならないことからもわかるでしょう。つまり、**人間の脳が、環境をどう受け止め、反応するかによって、人生が変わるのです。**

環境の受け止め方、反応の仕方を、大きく5つのタイプに分けると次のようになります。私たち人間は、この5つのどれかに当てはめることができるのです。

❶ 環境変革型

強烈なまでのプラス思考で、何でも肯定的に捉えます。成功して当然と考え、現在の環境に満足することなく、常に貪欲にチャレンジして夢を実現します。このタイプの人は、全体の5％程度しかおらず、残りの95％の人たちから見ると「天才」「異端」に映ります。この章で、潜在能力を発揮しているのは全体の5％という話をしましたが、その5％がこのタイプに当てはまります。

❷環境改善型

①の環境変革型の人に憧れ、今の環境をより良くしていこうと考えるタイプです。成功体験が積み重なると、①のタイプになる可能性があります。「自分はツイている」と考え、周囲からも期待されるので、自分に自信を持っています。全体の10％の人がこのタイプです。

❸環境順応型

どんな環境であっても順応して、その中で満足するタイプです。成功したいという願望はあっても、長続きしません。現在の環境が常識となり、「どうせこんなもの」と思いがちです。つき合う相手によって、プラス思考にもマイナス思考にもなります。

全体の35％くらいの人がこのタイプです。

④環境逃避型

チャレンジする意欲に欠け、マイナス思考になっていることが多いタイプです。常に潜在意識に不安があり、不満が募っています。結果が出せないために自分に自信が持てずに素直になれません。よって、チャンスが巡ってきても、自分から逃してしまいます。全体の45％と日本人に最も多いタイプです。

⑤環境破壊型

究極のマイナス思考タイプです。自己防衛本能や被害者意識が非常に強く、言い訳や愚痴を言ったり、責任転嫁をしたりと、何でも環境や周囲の人々のせいにします。自分が正しいと思い込み、周囲の気持ちを考えないため、環境そのものをより悪い方向に向けてしまいます。全体の5％以下と少ないですが、ひょっとすると身近にいるかもしれません。

このように、人間は大きく5つのタイプに分けられます。成功しない人や、成功を信じられない人などは、③〜⑤のタイプに入ります。人間は、無意識に選択した5つのタイプに従って生きていて、未来もそれに縛られている、と言っても過言ではないでしょう。

生まれたばかりの子どもは、間違いなく①のタイプです。しかし、人生経験を積んでいくうちに、「自分はできない」と考えるようになり、妥協ということを覚え、マイナス思考に陥ることが多くなります。つまり、学習能力が高く、正常な判断力を持った人ほど、成功しない大人になります。「バカと天才は紙一重」と言いますが、バカも天才も①のタイプのまま大人になった人かもしれません。でも間違いなく成功を収めるのは、①のタイプの人なのです。

ところが、③〜⑤の人でも、脳をちょっと変えるだけで、①とまではいかなくても、②のタイプになるのはそれほど難しくありません。人間は、ほんのちょっとしたことで大きく変わるのです。

能力を発揮できない、やる気が出ない、素直になれない……、そんな③〜⑤のタイプに見える社員の脳もみんな素晴らしい能力を持っています。脳への条件づけを変えるだけで、能力を引き出し、常にプラス思考の「能力を発揮できる社員」に変わるのです。

ぜひ本書を読んでいる経営者やリーダーの方も、社員みんなが能力を発揮している状態をイメージして、ワクワクして社員教育に取り組んでください。

第3章

脳から変える
No.1 社員教育

理論編

イメージできないと先には進めない

前章では、「基礎編」として脳の特徴や傾向についてお話してきました。ここからは、私たちが行っている社員教育で、何をして、どう変えていくのかというおおよその流れについて説明していきます。本書の読者は、経営者やリーダーの方が多いと思いますが、以下のことを社員の皆さんに伝える上で、まずご自身でもできるように説明していきます。

では最初に、次の質問に答えてください。

①あなた（あるいは、あなたの所属する会社や部署・チームなど）の「今年の目標」は何ですか？
②目標を達成したとき、あなたは何をしますか？
③目標を達成したとき、あなたの周囲はどんな様子ですか？

どうでしょうか？ ①で「目標がない」と答えた人は残念です。目標をつくることから始めましょう。仮に目標があったとしても、②や③をスラスラと答えられる人は少ないと思います。

では、あなたの後輩・部下などにも、同じ質問をしてみてください。②であれば、「自分へのご褒美に、ホテルのランチに行く」などの答えが出てくるかもしれません。③の答えとしては、「みんなで万歳三唱をする」とか、「乾杯をする」などが考えられます。

もちろん、そのような答えでもまったく構いません。要は、未来の目標に対して、その達成をイメージできるかどうかが重要なのです。

第2章で、イメージしたものが潜在意識にはっきりと刻み込まれ、行動に影響を与えるというお話をしました。

つまり、人間が何か行動を起こすにしても、イメージができなければ始まらないのです。

社員教育の場などで、私はよく「イメージを飛ばせ」というお話をします。実現の可能性を考えずに、とりあえず目標をイメージする、ということです。

目標に対する達成イメージがあれば、脳は楽しい状態になり、究極のプラス思考になりますが、夢や目標を設定しなければ、先には進めません。イメージさえあれば、行動は後からついてくるのです。

夢や目標を設定して、成功をイメージできていれば、脳はワクワクします。しかし、人間の脳は、1日に約7万回も思考ができ上がり、そのほとんどが否定的なイメージで行っていると言われています。日常的に、自分の脳にある過去の経験の記憶から、否定的イメージが生み出されているのです。

私は、「ワクワク」に対する否定的イメージを「ザワザワ」と呼んでいます。目先のザワザワにワクワクが脅かされるのが、普通の人の脳です。

そして、ザワザワに支配された脳は、チャレンジしようとする気持ちにブレーキをかけ、「大変そう」「できそうもない」「難しい」とあきらめるマイナス脳になってしまうのです。

高校生の進路相談などは、ザワザワの典型的な例です。学校の先生は、普段の成績や模擬試験の結果などを見ながら、「この大学は無理だ。志望校のレベルを下げなさ

第 3 章　脳から変えるNo.1社員教育　理論編

い」などと平気で言います。

逆に幼稚園では、そんなことは言われません。「あいうえお」が書けなくても、「小学校に入れば、書けるようになりますよ」とフォローされるはずで、実際に小学校に入れば書けるようになるものです。

しかし、高校では、受験すれば合格するかもしれないのに、受験自体をあきらめることが強要されます。

ビジネスの世界でもそうでしょう。何か新しいプロジェクトをやろうとしたとき、「予算的に無理」「前例がない」など、いろいろな制約（ザワザワ）に縛られます。本来であれば、常識を無視してイメージをつくり、そこから制約に合わせて可能な目標を固めればよいのです。にもかかわらず、初めから制約の中でイメージするので、小さい枠の中に収まってしまい、脳がプラスになりません。

とりあえず、目先のザワザワは無視して、脳がワクワクするような夢や目標をイメージしてみることから、すべてをスタートしてみましょう。

イメージを実現させるための3つの脳力

目先のザワザワを無視して、ワクワクする夢や目標をイメージすることはできたでしょうか？　では次に、それを〝実現〟するためにはどうすればいいかを考えていきましょう。

夢や目標をイメージできるかどうかが脳次第なら、実現できるかどうかも脳次第です。夢や目標の実現には時間がかかり、その間、成功を信じて行動し続けないといけません。そのために、SBT（スーパーブレイントレーニング）では、次の3つの「脳力」を鍛えていきます。

① 成信力（せいしんりょく）

前にもお話しましたが、文字通り「成功を信じる力」のことです。何事においても、将来に対する肯定的なイメージがないと、やり抜くことはできません。

成功しない多くの人は、成功することは難しいと思っています。しかし、それは単なる思い込みで、「成功できる」と信じていれば、成功することは可能です。言い換えると「成功できる」と思わない限り、何をやってもうまくいきません。

ですから、成功するためには、まず「成功を信じる」ことが第一歩になります。しかし、いきなり「成功を信じなさい」と言われてもできないでしょう。それは、すでに否定的なイメージしかできないマイナスの脳になっているからです。

しかも、脳は無意識に、否定的なイメージをどんどん蓄積していきます。これを放置していると、右脳の記憶データがどんどんマイナスに強化されてしまいます。そこで、意識して肯定的なイメージを入力する癖をつけていくことが必要です。そうすることで、右脳にあるプラスの記憶データが強化されていくのです。

そこで、成功をイメージするとき、次の3つの原則を理解しておきましょう。

1　夢や目標を実現・達成した状態、あるいはしつつある状態をイメージする

「こうなりたい」「ああしたい」というのは、まだ願望の段階です。「必ずこうなる」「必ずああしている」という現実のイメージを描きましょう。

2 細部までリアルにイメージする

営業職を例にすると、企画が通ったり、契約が取れたりしたときの感動や、喜びを分かち合う同僚、激励やねぎらいの言葉をかけてくれる上司など、達成イメージをより具体的、リアルに描くことで、現実味が増して、プラスの記憶データが強化されます。

3 イメージに自分の感情を加える

夢や目標を実現・達成したとき、そこで自分が味わった喜び、感情などを想像します。脳は、感情を伴った記憶は忘れませんので、喜びや高揚感といったプラスの感情をしっかり味わいましょう。

このように、まずは成功を信じる、そして将来の達成イメージを描いてワクワクできる脳にすることから始めましょう。

② 苦楽力（くらくりょく）

「成功を信じれば成功する」と言っても、成功への道には苦難もあります。人間は苦難にぶち当たったとき、脳がマイナスの感情を持ってしまい、本来の力が発揮できなくなります。

脳では、五感から入ってくる情報に対して、扁桃核が快・不快の判断をするのですが、苦難にぶち当たったとき、扁桃核が不快と判断するか、快と判断するかで、結果まで変わってくるのです。

そこで必要なのが、この「苦楽力」です。本来であれば苦しい状況であっても、その状況を楽しめるようにする、つまり扁桃核が快と判断するようにする力を言います。「そんなことが可能なのか？」と思われるかもしれません。もちろん、苦難が訪れたとき、何の防御策もなく受け入れてしまえば、扁桃核は当然、不快と判断するでしょう。しかし、第2章でも触れたように、すかさずプラスの言葉を口に出すなど、すばやく感情を切り換えることで、扁桃核が快と判断するようになります。また、常に最悪の状況を想定した行動を心がけることでも、実際に悪い状況になったときに、「来た来た」とその状況を楽しむことができるはずです。

つまり、常に最悪な状況を分析し、最善な方法をイメージしておくことで、何があっても対処できる強さを身につけられるということです。

③ 他喜力（たきりょく）

どんどん状況が悪くなり、想定した以上の苦難が訪れた場合など、いくら「成信力」「苦楽力」でも乗り越えられない壁が現れるものです。そういう逆境の状態では、どうしても達成イメージが描けなくなる、何があっても楽しめない、ワクワクしない、逆境から逃げ出したくなる、自分以外や環境のせいにしたくなる、といった状態になります。

そんなとき、自分の限界を超えた能力を発揮して、苦難を乗り越えられるようになる力が「他喜力」です。

他喜力の「他喜」とは、「他人の喜び」のことです。自分が成功したことで、自分以外の誰かが喜んでくれることを〝喜び〟として、それを自分への糧とするものです。脳は、自分がうれしいこと以上に、人が喜んでくれることに強烈なプラス感情を発生させるものなのです。

人を喜ばせることが成功への近道

ところで、「他喜」があるということは、「自喜」もあります。ここで、「他喜」と「自喜」について、簡単にお話しておきましょう。

「他喜」とは、先ほどもお話したように、**「他人を喜ばせて、その人が喜んでくれる喜び」**ということです。社会的動物である人間には、「自分以外の人を喜ばせたい」という本能的な欲求があります。それが満たされると、それが自分の喜びになるというわけです。例えば、お店で働く人が、「お客様が喜んでいる姿を見ると、とてもうれしい」と言うのは、他喜の表れと言えます。

一方、他喜には、もうひとつ**「他人を喜ばせて、その人からお礼を言ってもらえる喜び」**というのもあります。例えば、電車の中でお年寄りに席を譲ったとき、お年寄りから「ありがとう」と言われて腹を立てる人はいないと思います。また、スポーツ選手がファンから「試合を見て力が湧きました」と言われると、とてもうれしいはずです。この場合、自分が何かをしてあげたことで喜んでいる人よりも、自分のほうが大きな喜びを感じることがあります。

次に、「自喜」とは、「自分の喜び」という意味ですが、これにも2種類あります。まず、少しややこしい一文ですが、**「自分以外の人に自分を喜ばせてもらう喜び」**です。簡単に言うと、誰かからプレゼントをもらったとか、自分の仕事を同僚に手伝ってもらった、上司から褒められたなど、自分が何かをしてもらうことによって感じる喜びのことです。

もうひとつは、**「自分を喜ばせる喜び」**。これは、目標を達成したとき、美味しいものを食べたときなど、自分の行動によって自分が感じる喜びのことです。

この「自喜」は、成信力とも関わりがあります。成功した場合の喜びは「自喜」ですから、成信力は自喜のために頑張る力と言い換えられるでしょう。しかし、自喜のためだけに頑張る人の脳では、自己防衛本能が強く働きます。大きな壁にぶち当たったりすると簡単にあきらめてしまい、結果、マイナス思考に陥って、苦しい状況を周囲や環境のせい（他責）にするようになるのです。また、成功したとしても、現状に満足して、バーンアウト（燃え尽き）につながる可能性があります。

つまり、**「自喜だけを追求する脳は成功しない、他喜も追求する脳が成功する」**ということが言えるのです。

最強プラス思考を生み出す3つの思考パターン

先ほどの3つの「脳力」を鍛え、つねに肯定的なイメージを持ち続けることができれば、「最強プラス思考」の誕生です。この最強プラス思考を持った人は、次に挙げる3つの思考パターンがすべて揃っています。

❶未来思考

自分のやりたいこと、なりたい姿を描く思考パターンです。ここでは、今の自分の実力は一旦無視し、とにかくワクワクするか、楽しいかという基準で物事を考えます。

例えば、「将来、私は社長になる」でも、「宇宙飛行士になる」でも構いません。非現実的なことや、常識では考えられないようなことでも、自由に思い描くことができます。

②現実思考

未来思考が「やりたいこと」を思い描くのに対し、やりたいことを実現するにはどうすればいいか、何をやるべきかを詰めていくのが「現実思考」です。

未来思考で描いた未来をより具体的なものにするために、戦略を立て、行動に移します。未来思考とは違って、常に現実から物事を考える思考です。

③危機思考

①の未来思考と②の現実思考の間には、必ずと言っていいほどズレが現れます。夢と現実の間のズレと言ってもいいでしょう。そのズレが脳をマイナス思考にしてしまいます。

例えば、目標が順調に達成していないのであれば、もちろんマイナス思考になります。また、最初は順調に進んでいても、それで油断をしてしまい、後になってダメになることもあります。いずれも夢と現実のズレが生じるのです。そのズレはほとんどの場合、感情のズレなのです。

そこで、そのズレを修正するための思考パターンが「危機思考」です。実行計画に問題はないか、計画はしっかりと実行しているかどうかを分析し、危機管理を行う思考です。

これら3つの思考パターンがすべて揃ったとき、イメージが現実になる力、イメージを実現する力が身につきます。次の項からは、これら①～③を踏まえて、夢や目標を実現するために必要な要素を紹介していきましょう。

未来思考――願望を描く

目標を実現できない人の多くは、ある目標に対して「そんなことできない」や「どうせ無理だろう」と、やる前からあきらめの感情を持っています。また、目標を前にして「しなければならない」という義務感やプレッシャーを感じる人もいます。

このようにマイナス感情になっていると、前向きに行動するという気にはなりませんから、目標の実現を妨げることになります。

そこで、先ほどの未来思考の話になります。実現する可能性については一切考えずに、**まず長期的な目標を掲げることが大事なのです。加えて、目標に対して、肯定的になっていることが大事です。**

しかし、人間の脳は、経験していないこと、自分の目で見ていないことをイメージするのが難しいのも事実です。そんなときは、周囲にいる「目標・夢を実現できている人」を探してみましょう。例えば、自分の目標が「営業でトップの成績を収める」だとすれば、同僚や先輩で営業トップの人を選んで、その人を仮想して、自分の達成イメージをつくり上げます。

また、夢や目標をイメージするとき、最初はできるだけ長期的なものにします。長期目標がないまま、最初から短期目標をつくろうとすると、〝できそうなこと〟しかイメージしなくなります。それでは、将来の成功に結びつきません。

現実思考——願望を計画に移す

夢や目標などの「願望」は、ただイメージしただけでは「願望」のままで終わってしまいます。ただの「願望」を現実にするためには、何をすべきかを考え、計画し、実際に行動に移さなければなりません。

前項で、目標は長期的なものにするとお話ししましたが、長期にわたる壮大な目標を実現するためには、小さなことからコツコツと実行していかなくてはいけません。そこで、長期目標を踏まえた中期目標、短期目標を設定し、計画・実行へと落とし込んでいきます。

身近な例で言うと、いつも「ダイエットをしたい」と言いながら、ケーキなどの甘いものを食べている人がいます。このような「願望だけ持っていて何もしない人」は、夢ばかり語って、その夢に対して今やるべきことが計画できていません。おそらく「ダイエットに成功したら、こんなにいいことがある」と、夢に対してワクワクは

Lost
Weight

していますが、実現のために避けて通れないつらいこと、苦しいことには目をつぶっているのです。

営業社員で言えば、「売上目標○○万円！」と目標を掲げていても、その先にはアポイントメントや顧客訪問、交渉といった面倒なことが待ち構えています。そのような具体的な行動計画まできっちり落とし込んでいるからこそ、成功があるのです。**「やりたいことができる人」というのは、「やるべきことを確実にやっている人」である**ということを理解しておきましょう。

危機思考——問題点を分析して修正する

願望を計画に移し、実行していく過程で、必ずと言っていいほど、何らかの問題が起こります。

計画に無理があったり、計画時には考えていなかった事態が起こったり、もともと願望と計画の間にズレがあったりと、さまざまな理由が考えられます。

そこで、定期的に計画の問題点を洗い出して、修正していくことが必要になります。これができていないと、壁にぶち当たったとたんにマイナス思考に陥り、最悪の場合、夢や目標をあきらめることになります。常に現状分析をし、計画を修正することで、脳が最高の状態を保てるのです。

ただし、ここで注意しなければいけないのは、問題点を分析・修正するのは、反省をすることではないということです。

反省は、「こうすればよかった」「あんなことしなければよかった」と、マイナスの感情しか生みません。それでは、どんどんマイナス思考になって逆効果です。必要なのは、「これからはこうしよう」「次からはあれをしないでおこう」という危機管理の思考です。

多くの企業では、「反省会」と称してアラ探しばかりしていますが、それでは前向きな議論ができずに、目標達成が遠ざかっていくばかりです。**「成功への道は反省ではない」**ということを肝に銘じておきましょう。

分析なきイメージはただの勘違い

ここまでお話しした、「願望を描く」「願望を計画に移す」「問題点を分析して修正する」の3つは、夢や目標を現実のものとするためには必要不可欠なものです。3つのどれかひとつでも欠けていれば、成功することができません。

とくに、計画段階、分析・修正段階では、最悪の状況に陥ることを考えておく必要があります。

最悪な状況を想定せずに、計画を進めていたら、何か起きたときにすぐマイナス感情が生まれて、夢や目標どころではなくなります。

あらかじめ、最悪の状況を想定して計画を作成し、分析・修正をしていれば、本当に最悪な状況が訪れても対処できます。

「来た来た」とむしろ最悪な状況を楽しむ余裕すら生まれるのです。これが先述した「苦楽力」です。

では、もし最悪な状況を想定せず、しかもプラスのことばかり考えていたらどうなるでしょうか？

そのような人は、思いつきや気分で行動するために、気が変われば途中であきらめますし、結果が出なくてもプラスに受け止めるようになります。

そのような、「プラス思考勘違い人間」が一人でもいると、周囲は振り回されますし、チームの和を乱すことになります。

「プラス思考勘違い人間」には次のような特徴があります。あなたの周りの人にいないかチェックしてみてください。

①危機管理ができておらず、思いつきの計画で動く
②初めは最善を求めるが、途中から最善を求めなくなる
③問題点があっても、チェックせずに平気でいる
④結果を出さなくても平気、無責任でも平気になる

以上、ここまでは、自分から動かない人を、脳を変えて積極的で前向きな人にする流れを説明してきました。これを踏まえて、次章ではさらに具体的な実際のやり方について説明していきます。

第 4 章

脳から変える No.1 社員教育

実践編

イメージを実現するためのブレインノート

ここまでは、社員がプラスの脳になって、前向きに成功を目指すようになるには、どうすればいいか、という流れをお話してきました。長期の願望を描き、短期の計画に移して実行する、というプロセスを徹底すれば、やる気のない社員でも脳がプラスになって、立派な戦力になるはずです。

この章では、いよいよ社員教育の場や毎日の朝礼、自宅での宿題などで実践できる、具体的な方策についてお話していきます。

ここで紹介するのは、私たちが社員教育で関わっている多くの企業で実行し、多くの社員を即戦力に成長させたSBTの一環として行っているものです。

まず、達成イメージを描くというところから始め、それを実現するために計画・実行し、問題点を分析・修正するというプロセスを毎日行うことが大事です。そのために、私たちが指導する社員教育では、プロセスがひと目で確認できる、当社オリジナルの『Brain Note』というものを使用しています。

これは、先述した未来思考・現実思考・危機思考を1冊にまとめた特別なもので、脳に描いた思考を具現化させ、眠っている能力を引き出すのに効果的につくってあります。

ただし、これは当社が実際に社員教育に入ったときにのみ使用しているものなので、本書では、少し簡略化して、自分でつくってもらう「ブレインノート」ということで説明していきます。

それでも、これを実行してもらえば、頭で描いたイメージがどう実現されているかが目に見える形になって表れてきます。

人間は、脳にイメージしたことしか行動に移せません。ブレインノートを使って、脳にイメージを植えつけるプロセスをぜひ理解してください。

ブレインノート１

長期目標の設定

見本は134・135ページ

まず、ノートを用意します。

厚めの大学ノートや大きい判型のビジネス手帳などを使用するのもいいでしょうし、パソコンでExcelなどを使って作成したりしても構いません。本書で説明するような内容が記載されていれば結構です。

まず、未来思考で最も大事な部分である**「長期目標」**を設定します。長期目標には、組織と個人の２種類があり、それぞれで設定します。

組織の長期目標は、社内の部署やチーム単位での目標です。会社としての長期目標は経営者から提示されているはずですから、それを踏まえた目標を設定します。チームとしての「夢」「目標」は、チーム内で相談して決め、共有しておきます。それをイメージすることで、確実にチーム内で何かを達成するということに対して、感情が肯定的になっていくはずです。

ブレインノートへの記入方法を説明しましょう。

まず、組織の長期目標を書くページを設け、そのページの一番上に、次のように書きます。

私たち△△は、○年○月○日に×××を実現しました。ありがとうございます！

このように、**ここにはすでに実現した前提で過去形で書きます。**実現した日の日記を書くようなイメージです。

これが未来思考においては大事なポイントで、**「実現しよう」ではなく「実現した」と書くことで、達成イメージが脳に肯定的に描かれやすくなるのです。**

目標を記入したら、その下に夢や目標が実現したことを連想させるような写真や絵などを貼ります。

これもイメージを脳に描きやすくするためのもので、チーム全員が協力して写真撮影したり、絵を描いたりすればいいでしょう。

個人長期目標

私、 教育太郎 は □□ 年 ○ 月 △ 日に

部長への昇進

を実現しました。ありがとうございます！

『長期目標』実現日記

ついに目標だった部長に昇進できました。

頑張って働いて、評価もいただいて、みんなも信頼してくれているみたいで、とてもありがたく、やりがいも持てています。

これからさらに頑張って、会社の目標を達成するとともに、部員の成長も意識して、全員で精進していきたいと思っています。

組織（チーム）長期目標

私たち No.1社員教育社 は ○○ 年 △ 月 □□日に
売上100億、経常利益6億
を実現しました。ありがとうございます！

『長期目標』実現日記

目標を達成することができました！

みんなで頑張って目標を達成できたことは、本当に嬉しい限りです。

最初は不安もありましたが、全員が一体となれば、どんな目標も達成できると実感できました。

自分なりに貢献できたのではないかとも感じており、今後も頑張っていきたいと強く思いました。

さらにその下には、夢や目標を実現した日の状況を、日記形式で記入します。

これは、達成した喜びや仲間への感謝、今後への誓いなど、実現したことをリアルに感じさせるように書くといいでしょう。

次に、組織・チームの長期目標を踏まえて、社員一人ひとりの長期目標を個別に設定します。記入方法は、組織・チームの場合と同じですが、内容はよりパーソナルなものになります。

例えば、チームの長期目標が「部内の年間売上1億円」であったとすれば、個人の長期目標は「年間１０００万円の売上達成」というような内容であったり、あるいは自分の昇進などになることもあるでしょう。

このあとは、目標達成をイメージさせる絵や写真を貼り、日記をつけます。

長期目標の設定期間ですが、大きな組織であれば10年くらいの長期、少人数のチームや個人でも最低5年くらいのスパンで考えましょう。

ブレインノート2

長期ライバルの設定

見本は138ページ

長期目標を設定すると言っても、なかなかイメージできないものです。

例えば、いつも地方大会で敗退しているチームが、甲子園球場で行われる全国大会で優勝することをイメージしようとしても、甲子園球場のグラウンドの上に立ったことがなければ、イメージするのは難しいことです。同じように、売上トップになったことのない人が、売上トップになった自分をイメージするのは難しいことです。

そこで設定するのが、**「長期ライバル」**です。自分は売上トップになったことがなくても、周囲には売上トップの人が必ずいるはずです。その人を長期ライバルに設定します。これは同じ会社の人でなくても構いません。また、憧れの人、尊敬する人、目標とする人を長期ライバルに設定するのもよいと思います。

そしてまず、ブレインノートに長期ライバルのページを設け、ページの一番上に長期ライバルの名前を書き、「私はあなたに追いつき、追い越す！」と宣言します。そ

長期ライバル

長期ライバル　私の父

ライバルから私へのメッセージ・エール

楽なものに流されず、常に努力を惜しまない人間であってほしい。
そして、目標に向かって決してあきらめることなく、信念をもって進んでほしい。
家族を犠牲にすることのないように、大切に。

して、名前の下にその人の写真か似顔絵を貼ります。

写真や絵を貼付したら、その下に記入欄を設け、ライバルから自分へのメッセージを想像して書きます。これは、ライバルが座右の銘にしているような言葉、普段話していることなどから選べばいいでしょう。これにより、ライバルの存在がよりリアルに感じられるはずです。

ここで、尊敬する人や憧れる人を長期ライバルに設定する場合は、次のことに注意しなければなりません。尊敬の対象や憧れの存在というのは、「追い越してはいけない人」というふうに脳にインプットされてしまいます。そうなると、追い越すことができません。

設定する人は、尊敬の対象や憧れの存在、極端に言えば歴史上の人物でも構いませんが、あくまでも自分が追い越す対象としてイメージすることが大事です。

この長期ライバルの記入では、いかに感情を伴うかがポイントです。「追いつき、追い越してやる」とライバル心むき出しで、決意をもって設定します。

ブレインノート3

No.1サポーターの設定

見本は141ページ

長期目標を設定し、長期ライバルを設定すれば、あとは目標に向かって邁進するだけです。

しかし、目標実現の道のりには、さまざまな困難が待ち受けています。途中で大きな壁にぶち当たると、そこでマイナスの感情が出て、あきらめてしまうことになると、何度もお話してきました。

そこで、どんな壁が待ち受けていようとも、目標実現を信じるために、心の支えとなるものが必要になります。それが、**「No.1サポーター」**です。

例えば、スポーツ選手が「オリンピックで金メダルを取って、コーチやトレーナーに喜んでほしい」とか、受験生が「東大に合格して、両親を喜ばせたい」とか、アイドルが「いつか武道館でコンサートをして、ファンのみんなに喜んでもらいたい」といったことです。

No.1サポーター

No.1 サポーター　妻

No.1サポーターから私へのメッセージ・エール

身体だけは気をつけてくださいね。
ずっと一緒に幸せな家族でいましょうね。
いつもありがとう。

喜んでくれる誰か、応援してくれる誰かがいれば、困難があっても乗り越えられるのです。これが、「他喜力」です。

まず、ブレインノートにNo.1サポーターのページを設け、ページの一番上にサポーターになってほしい人を書き、「私はあなたを必ず喜ばせる！」と宣言します。これは親、上司、同僚、家族、恋人など、誰でも構いませんが、自分の成功を喜んでくれる人を選ぶことが大切です。

名前の下にはサポーターの写真か似顔絵を貼り、その下にライバルと同じように記入欄をつくります。

その記入欄には、サポーターから自分への応援メッセージを想像して書き込みます。もし可能であれば、サポーターに頼んで、実際にメッセージを書いてもらってもいいでしょう。

ブレインノート4

3-1方式での目標の設定

見本は146ページ

ここまでは、「未来思考」に基づいたブレインノートの作成法をご紹介しました。ここからは、「現実思考」に基づいたアプローチをお話していきます。

長期目標を設定して、未来に対してワクワクしているだけでは、単なる誇大妄想で成功には結びつきません。目標に対して現実的な計画を詰めていくことが必要になります。

長期目標は、5年先、10年先の未来で考えます。しかし、長期目標を決めただけだと、まだ5年、10年もあるからと言って、今日という日を何もせずに過ごしてしまうでしょう。

とはいえ、遠い先の未来を見据えて、今何をするかと言われても、ピンと来ないのが正直なところだと思います。

そこで、もっと近い将来をイメージしていくことが必要になります。

例えば、高校1年生で野球部に入って、3年後の目標を「スタンドで後輩を応援している」とか、「ケガをして引退している」という人はいません。間違いなく「試合で活躍している」とか「ドラフト会議で○○球団から指名される」などの目標が必ずあるはずです。

つまり、3年くらいのスパンであれば、誰でも明確で、しかもプラスで前向きな目標が設定できるということです。そこで、まず3年先の目標を具体的に設定することから始め、そのあとで年間目標を設定していきます。それが**「3−1方式目標設定」**です。

多くの企業では、社員にまず年間目標を設定させる場合が多いと思います。長期の目標は置いておき、とりあえず年間目標、つまり目先のイメージを優先させるやり方です。

しかし、それでは今やっていることの延長に過ぎず、大きな進歩が望めないまま、目先のノルマをこなすだけの会社生活が続いていくだけです。結果、仕事はノルマになって、ノルマは作業になってしまいます。

そうなると、会社生活はつまらないものになってしまうでしょう。会社にとっても、社員のチャレンジがなければ発展はありません。

それでは、ブレインノートの作成に移ります。まず、ノートに3年後の目標を記入するページを設けます。

ページの一番上には、長期目標を見据えた3年後の目標を記入します。例えば、長期目標が「年間売上10億円」だとすれば、3年後であればどのくらいの売上を達成していないといけないか、という視点で設定します。あるいは、数字ではなく、目標達成に必要な起爆剤となる商品を開発するなどの目標でもいいでしょう。

さらに、喜んでくれる人やそのときのイベントなどをイメージできる写真や絵を貼りつけ、イメージをより現実的にします。

これで、3年後の達成イメージが脳に刻まれて、成功に一歩近づいていくはずです。しかも3年の猶予があるわけですから、目標を前にして脳がマイナス感情を持つこともないでしょう。

「3年後には絶対こうする」という目標を設定するのがベストですが、脳がプラス感情を持つのが目的なので「3年後はこうなっていればいいいな」というユルい目標でも

3-1方式目標設定

3年後の目標

XX 年□月に売上 60 億達成

年間目標（いつ・何を達成しますか？）

△△年 X 月に売上 40 億達成

目標達成のために克服すべき課題

項　目	項目別年間目標
スキル	営業関連の書籍から学ぶ
顧客管理	リストの作成と継続
新規開拓	年間60社の開拓

構わないのです。

3年後の目標が設定できたら、今度は、さらに現実に近い未来をイメージするために、1年間の目標を設定します。

ブレインノートに、年間目標のページを設けます。そこには、3年後の目標を踏まえて、年間目標を記入します。

その下には、やはり目標達成時をイメージできる写真や絵を貼りつけます。

そして、さらにその下には、前ページの例のように、1年後に目標を達成するために必要な能力や人間性、人脈など、「克服すべき課題」を挙げます。そして、挙げた課題ごとに1年後の目標を設定して書きます。

前ページの例では、課題に「スキル」「顧客管理」「新規開拓」を設定し、それぞれについて「関連書籍」「リスト」「年間60社」を1年後の目標としました。

ブレインノート5
月間目標の設定

見本は149ページ

5〜10年の長期目標、3年間の目標、年間目標と、目標が徐々に細分化され、実現に向けて具体的イメージに近づいてきました。ここではさらに細分化し、「月間目標」に落とし込みます。ここまで来ると、目標がイメージしやすくなっているはずです。

では、ブレインノートに、1ページを1カ月として12カ月分のページを準備します。ページの上には、年間目標を踏まえて、今月の目標を記入します。「何を、いつまでに、どのように」を明確にするのが基本です。その横には、月末に達成度を記入する欄を設けておきます。

その下に、次ページの見本のように、縦の行には1〜31日までの日付を設けた表を作成します。ここは、「月間計画表」として、月間目標を日々の行動に落とし込んで記入していきます。列を5つくらい取って、1日ごとの行動計画を最高5つまで記入できるようにします。

月刊目標設定

【 ○ 】月

今月の目標	達成度
・今月中に顧客のリスト化・ランク付け完了	100%
・新規開拓５社	75%

	既存顧客	新規開拓	スキル		
1（日）					
2（月）	↑	↑開拓先の			
3（火）	顧客リスト	↓選定			
4（水）	整理	↑	↕勉強会		
5（木）		資料			
6（金）	↓	↓作成			
7（土）					
8（日）					
9（月）		↑資料			
10（火）		↓作成			
11（水）	↑		↕勉強会		
12（木）	新リスト				
13（金）	↓完成				
14（土）					
15（日）					
16（月）		↑新規			
17（火）		↓アポ取り			
18（水）	↑		↕勉強会		
19（木）	新リスト				
20（金）	↓見直し				
21（土）					
22（日）					
23（月）		↑			
24（火）					
25（水）		新規訪問	↕勉強会発表		
26（木）					
27（金）		↓			
28（土）					
29（日）					
30（月）	↑リスト				
31（火）	↓見直し				

ブレインノート6

本日の目標の設定

見本は152・153ページ

いよいよ目標設定の最後、**「本日の目標」**です。

ブレインノートには、見本のようにして、見開きを1週間としたページを設けていきます。

そして、左ページの上には、その週に優先的に行うことを3つまで記入します。「何を、いつまでに、どこまで、なぜやるべきなのか」が明確になるようにしていきます。

その下には、曜日ごとに、「本日の目標」「良かった点・改善点・明日への決意」を記入する欄を設けます。「良かった点・改善点・明日への決意」については、次項で説明します。

まず、「本日の目標」は、ページの上に書いた週の優先事項を踏まえて、その日の目標を記入します。

これで、現実思考に基づいたブレインノートの作成は終わりです。

ここまでできれば、漠然としていた未来の夢や目標が、日々の具体的な行動までに落とし込まれているはずですから、あとは日々実行していくだけです。

脳というのは、防衛本能の働きによって大きな変化を嫌う傾向にあります。そのため、私は皆さんに**「チョイ越え」**という考え方を勧めています。

これは、昨日の自分をちょっとだけ今日越えて、今日の自分を明日ちょっとだけ越えていこうという意味で、ちょっとの変化で脳をだまし、そのわずかな変化を積み重ねて大きな変化へつなげていこうというものです。

ブレインノートに落とし込んだ日々の行動によって、昨日の自分を毎日チョイ越えしていくことが大切です。

このように、常にプラス感情を維持できていれば、脳がプラス思考になって、成功に向かって〝前進あるのみ〟の状態になっていきます。

	[6]（金）	[ ]（土）	[ ]（日）	
本日の目標	・新規開拓先向けの資料作成 ・顧客のランク付け			
良かった点	ランク付けをしながら、リストの改善がいろいろできた。			
改善点	リストをつくりながら、同時にランク付けの作業もできたかもしれない。			
明日への決意	最も重要な各ランクの営業行動をしっかり構築していく。			

本日の目標設定

【　○　】月

今週の優先事項

1：既存顧客の整理

2：新規開拓の準備

3：

	［ 2 ］（月）	［ 3 ］（火）	［ 4 ］（水）	［ 5 ］（木）
本日の目標	・既存顧客の洗い出し ・新規開拓先の選択	・新規開拓の選択 ・顧客のリスト化着手	・顧客のリスト化 ・新規開拓先向けの資料作成 ・勉強会	・顧客のリスト化 ・新規開拓先向けの資料作成
良かった点	既存顧客についてはほぼ洗い出しができた。	新規開拓先の目途が立った。	リスト化が思う以上に進んだ。	リスト化がほとんど終了できた。
改善点	洗い出しに時間がかかり、新規の準備ができなかった。	リスト化ができなかったので、2つのことを並行してできるようにする。	入力作業に時間がかかりすぎる。スキルアップが必要。	リストの構造をあらかじめ綿密につくっておく必要がある。
明日への決意	時間の使い方をしっかり考える。日頃から整理をしっかりする。	仕事の終わり方が大事。時間配分も技術の一つとして身につける。	充分に頭を整理してから、一気にパソコンに向かう。	新規向け資料づくりが遅れているので、ペースを取り戻す。

1日のクリアリング

見本は157ページ

ここまで、「未来思考」「現実思考」に基づいた目標設定・行動計画を、ブレインノートを使って行ってきました。

しかし、未来への願望を描き、それを計画に移して万事ＯＫ、というわけにはいきません。実際に行動してみると、予定通りにいかなかったり、思わぬ壁にぶち当たったりするものです。そのとき、未来と現実のズレが発生すると、脳は一気にマイナス思考になって、あきらめのバーンアウト（燃え尽き）の状態になります。

また、順調に進んでいた場合でも、それで気が緩んだり、脳が満足したりすると、今度は満足のバーンアウトの状態になります。いずれにしても、結局は成功までに至らないということになるのです。

そこで、未来と現実のズレを修正し、日々の危機管理を怠らないことが、成功には欠かせない要素となります。

ここでは、危機思考に基づいて、「計画に問題点はないか」「計画が正しく実行できているか」を分析する**「クリアリング」**を、ブレインノートを使って行います。

クリアリングとは、辞書の文言で言えば「清掃」「清算」です。つまり、計画を実行していく過程で、問題点や不安な点などをきれいに清算する、と考えればいいでしょう。

ブレインノートで1日のクリアリングをするには、前項の「本日の目標設定」の表の下段にある、「良かった点」「改善点」「明日への決意」の欄を使用します。1日の終わりに、まとめて記入するようにしましょう。

まず、「良かった点」にはその日を振り返って良かった点、「改善点」にはその日の問題点・改善すべき点を記入します。ここで注意すべきなのは、感情がマイナスになっているときこそ、「良かった点」にウエートを置き、プラス感情のときは、「改善点」にウエートを置くということです。

人間は、脳がマイナス感情になっているときほど、欠点や問題点に目が行きがちで、そうしてどんどんマイナス思考になっていきます。逆に、脳がプラス感情になっているときは、問題点にはほとんど目を向けません。しかし、後々思わぬところで足元をすくわれてしまうことも考えられますから、問題点にもしっかり目を向けることが大事です。

そこで、マイナス感情のときこそ、積極的に良かった点を探すようにし、プラス感情のときには、戒めの意味でも改善点を多く探すようにします。

次に、「明日への決意」には、良かった点、改善点を踏まえて、翌日への対策や決意を記入します。このとき、「～したい」や「～しよう」などではなく、「～する」と語尾を言い切る形にします。

以上が、1日の終わりに行うクリアリングです。日々、これらのクリアリングを欠かさず行う習慣をつけることで、目標と現実のズレを常に分析・修正することができます。

繰り返しますが、クリアリングは〝分析〟であって、〝反省〟ではありません。いくら反省をしたところで、マイナス感情が高まるだけで、成功には結びつきません。研修などの場で、社員にブレインノートの作成をさせる際には、この点を十分に理解させることが大切です。

本日の目標設定

【 ○ 】月

今週の優先事項

1： 既存顧客の整理

2： 新規開拓の準備

3：

	[2]（月）	[3]（火）	[4]（水）	[5]（木）
本日の目標	・既存顧客の洗い出し ・新規開拓先の選択	・新規開拓の選択 ・顧客のリスト化着手	・顧客のリスト化 ・新規開拓先向けの資料作成 ・勉強会	・顧客のリスト化 ・新規開拓先向けの資料作成
良かった点	既存顧客については洗い出しがほぼできた。	新規開拓先の目途が立った。	リスト化が思う以上に進んだ。	リスト化がほとんど終了できた。
改善点	洗い出しに時間がかかり、新規の準備ができなかった。	リスト化ができなかったので、2つのことを並行してできるようにする。	入力作業に時間がかかりすぎる。スキルアップが必要。	リストの構造をあらかじめ綿密につくっておく必要がある。
明日への決意	時間の使い方をしっかり考える。日頃から整理をしっかりする。	仕事の終わり方が大事。時間配分も技術の一つとして身につける。	充分に頭を整理してから、一気にパソコンに向かう。	新規向け資料づくりが遅れているので、ペースを取り戻す。

ブレインノートを社員教育に活かすために

社員教育の現場では、社員にビジネスマナーや仕事のやり方などを教え、やる気のある社員に育てるためのさまざまな研修を行っています。

しかし、これまで本書でお話した通り、社員の脳がプラス思考になっていないと、何を教えても伸びていきません。

そこで私たちが社員教育をする際は、まずは社員の脳をプラス思考にするために、会社の理念を話してベクトルを明確にし、ブレインノートを使用して脳を変えていきます。

社員の脳がプラスになれば、あとはビジネスマナーでも仕事のやり方でも、何を伝えてもどんどん吸収して、伸びていきます。

ブレインノートを使用するのは、社員教育の場や朝礼の時間などです。毎日、反復して使用するのがベストな使い方です。

また、定期的に、朝礼やミーティングの場で、ノートの内容を部署やチーム内で共有しておくのが有効です。私の会社では、各社員が書いた月間目標やクリアリングの内容をコピーして、全員に配っています。

もちろん、本章で紹介したブレインノートの作成が、毎日社内でできればいいのですが、日々の業務に追われている社内では、ブレインノートの記入のために時間を取ることは難しいでしょう。

長期や月間、週間の目標設定やクリアリングは、会社全体の目標とも関わる部分であり、社員で共有する必要があるため、社員教育の場やミーティング、朝礼などの時間を使って行うべきですが、日々の目標設定やクリアリングについては、社員が各自で行うのがよいでしょう。

朝起きたときに、その日の目標を設定し、夜寝る前に、その日のクリアリングをする、という流れでできれば、脳にとってはベストです。

1日の目標設定やクリアリングは、各5～6分あればできます。最初は、なかなか書くことが浮かばず、絞り出すようにして記入していかなければなりませんが、習慣化すれば、苦にはならなくなるでしょう。

このように、毎日考えて書くことで、脳の出力が強化されますし、「自分はマイナス思考に陥りやすい」とか、「ちょっと楽天的な部分があるな」など、自分を冷静に分析する力もついてきます。ぜひ、部下にブレインノートをやらせてみましょう。部下が見違えるように、伸びていくはずです。

No.1社員教育を導入した企業の感想

「仕事が楽しくない」と思っている人はたくさんいると思います。働いて報酬を得ることは、人間にとって「正しい」行為ですが、人間は正しいことではなくて楽しいことしか続きません。

例えば、ダイエットをする人が取る行動として「正しい」のは、食事制限、運動、ストレッチなどです。しかし、実際には、食べること、お酒を飲むこと、テレビを見ながらゴロゴロすることのほうが「楽しい」のです。だから、ダイエットはなかなか続かないのです。

しかし、苦しいダイエットに耐えて、数キロでもやせることができると、脳の扁桃核が「快」になります。実際、やせたことを実感した以後に、「ダイエットおたく」になる人もいます。

つまり、一見して「イヤだな」と思うようなことでも、脳をプラスに切り換えて続けた結果、実績や効果を得ることで、脳がさらにプラスになって、イヤだったことにはまっていく、ということが実際に起こり得ます。Brain Noteを使ったSBTは、「不快」を「快」にするための最強のトレーニングなのです。

では、この章の最後に、これまでに私たちの社員教育を導入して、大きな変化、成長を遂げた企業の皆さんの感想をご紹介していきます。ぜひ参考にしてください。

製造業

今回、社員教育としてサンリの代表の西田一見さんに指導をしてもらえることになりました。全6回でお願いをして、3回目ぐらいからでしょうか、他部門とのコミュニケーションがなかった人達が、自ら他部門の人とコミュニケーションを取るようになり、今まで、どんな人なんだろうと関わり方が浅かった人達にも、相手に興味を持ち始め、相手の良いところを皆がストロークを渡すようになりました。

また、社員教育の一環として、各自のNo.1宣言であったり、自分自身の夢やそれを支えてくれている人がいるということを感じることから始まり、その人に対しての態度に至るまで、Brain Noteを活用させてもらい、よりその目標やイメージが達成している状態のイメージを持てるので、何をすればいいのか、何が良かったのか、何が悪かったのか、では今後どうすればいいのかが明確になり、楽しみながら仕事をするようになっていきました。

その証拠として、元気で笑顔になっていきました。お陰様で、今では、朝礼から元気に楽しく皆が仕事をしてくれています。色々とありがとうございました。

美容室

スーパーブレイントレーニングの教育を社員に導入する前は、会社の掲げている「自ら考え自ら行動し自ら成果を上げる」という理想に近づけるため、日々試行錯誤の繰り返しでした。

夢と目標を決めるのですが、なかなか今日の行動とつながらず、点が点で終わり、なかなか線にならないもどかしさがありました。

また、夢は夢……と思っている社員が多く、どこかしら夢の実現性に対しての体温が低い人もいてばらつきがあり、なかなかひとつのチームとして機能するためには動きが遅かったのも事実です。

しかし、西田一見さんのスーパーブレイントレーニングの教育を導入したことによって、可能性の素晴らしさに気づきがあったようで、メンバーの夢実現に対しての体温が揃い、意思疎通のスピード感が増しました。

夢や自己実現と今日の行動がBrain Noteによってそのままつながっているということが明確になり、「何のためにやるのか?」「いつまでにどこに向かっているのか?」を毎日確かめることができるのが非常にわかりやすくていいようです。社員からは、時間の有効活用ができるようになった、感情のムラがなくなった、仕事のスピードが上がったなど、さまざまな感想を耳にします。

私から見て一番感じるのは、やはり効率が上がったことと、成果が上がったこと。あとは、何よりも社員の「自信のレベル」が変わったということです。

自分に対する自信だったり、夢に近づいている自信だったり、進化成長していることに対しての自信だったり、それぞれいろいろだと思いますが、自信が覚悟になり、やがて確信を創りだし、確信が信念に変わり、周りの人に良い影響を与えるようになっているのだと思います

スーパーブレイントレーニングのチカラで、社員が自信をつけ、成長し、輝いていく姿を見て、私自身が一番脳がワクワクしているのが正直なところです。

社長が社員から元気と勇気をもらって、前に進む突破力を推進させていけるのは、とても気持ちのいいものですね。

自動車整備業

私達の会社は、考えやアイデアはあっても、それをなかなか実行できない状態でした。しかし、社員教育を導入して3ヶ月半で、数年間かけても進まなかったプロジェクトが3つも4つも進むようになってきました。

これもどうやったら実践できるのか、どうやったら自ら行動できるのかを社員教育で非常にわかりやすく指導していただいた結果です。その結果、3000車の車検を

実施でき、私たちの県では2番目の車検台数になりました。しかも、私たちの地域は人口35000人という小さな街で、この結果が出せたのも、社員教育で社員が自ら行動するようになったからだと思います。

保育所

これから未来のある子供たちの可能性を引き出せる社員を育てるために社員教育を導入しました。この社員教育によって保育所の現場が活性化し、大人が変わる事で子供たちへの影響が変わる事を実感できています。

具体的には朝礼への参加意識が高くなり、子供たちへの反応が変わってきたという声が現場から聞こえるようになってきました。また保育士としての5年後、10年後の夢を描けるようになった事で、社員の意識が大きく変わって、日々の業務への取り組み方も変わってきています。

自動車販売業

素晴らしい社員教育をありがとうございました。この社員教育の中で数多くの部分が変わってきたのですが、その中で2つ紹介します。

まずは社内の雰囲気が非常に良くなってきました。朝からハイタッチをして挨拶をするなど、様々な取り組みを行う事によって社内全体が明るくなりました。

もう一点は「疲れた」や「忙しい」などのマイナス言葉を使わなくなった事が社内に非常にいい影響を与えています。言葉をマイナスからプラスに切り替える事によって、前向きな社員が増え、業績も過去最高を記録するようになりました。

終　章

イマドキに
求められるリーダー

これからは「強いリーダー」に憧れる時代

ここまで、イマドキの若手社員の脳を変えることで、できる社員にするということを目標に、社員教育の方策をお話してきました。

一方で、若手社員を引っ張るリーダーにも、心得ておかなければならないことがあります。本書の読者は、若手社員を教育・指導する立場の方が多いと思いますので、最後にこれからのリーダーとして求められる人物像についてお話しておきましょう。

最近は、年配者が若者に迎合する傾向にあると思います。「若者に嫌われないように」という思いから、あまり厳しいことを言わなくなったり、やたらに褒めたり、人気取りに必死になっています。

しかし、これからは、**若者が「強いリーダー」に憧れる時代になる**と思います。「強い」と言っても、粗暴だったり、部下に何かを強要したりするといったものではなく、

「グイグイと引っ張っていくリーダー」という意味です。少し勢いがあって、「よし、行くぞ！」とハッパをかける感じです。

やはりリーダーは、見ている人の脳の扁桃核を「快」にして、ワクワクさせないといけないのです。それが、集団を代表するリーダーとしてあるべき姿だと思います。

では、何が人をワクワクさせるのでしょうか？

わかりやすいものだと、「カッコいい」リーダーには、人はついて来るでしょう。「A部長はカッコいいね」となると、それだけで素直に言うことを聞く部下がいるものです。「カッコいい」というだけで、脳の扁桃核が「快」に振れるのです。

では、ここで言う「カッコいい」リーダーとは、どんな人を指すのでしょう？

ひとつは、もちろん風貌のカッコよさです。しかし、そのように言うと読者の皆さんの中には、「なんだ、それじゃあ俺には誰もついて来ない」と思う人がいるかもしれません。

確かに、風貌がカッコいいに越したことはないのですが、それよりも決断力や仕事に対する真摯な姿勢などが何より大事です。そういうカッコよさに、人は惹かれていくのです。

脳を変えるのはメガネを変えるのと同じ

本書で何度もお話をしていますが、能力を発揮できない人の多くは、やる前から「できない」と思っています。

若い社員ほど経験が少ないので、やったことのない仕事を提示されると、「難しい」「無理かも」と思ってしまう傾向にあります。これが経験豊富な社員だと、初めての仕事でも、これまでの経験などから想像力を働かせて、「どうすればできるか」を考えることでしょう。まったく新しい仕事というのは、ほとんどありません。多くがこれまでの仕事の延長線上にあるものです。

つまり、「難しい」「無理かも」とすぐ口にする社員は、初めから「無理」というフィルターがついたメガネをかけているのと同じなのです。例えば、「不満のメガネ」をかけていると、何を見ても不満しか感じません。エアコンの効きが悪いだけで「仕事に集中できない」と腹を立てるような人になってしまいます。飲みに誘っても「そ

終　章　　イマドキに求められるリーダー

れは職務ですか?」と言って、「労働基準法で、1日の労働時間は8時間と決められています」などと反論してくるのも、不満のメガネが原因かもしれません。

しかし、それを「できるメガネ」に変えてしまうと、それまで難しいと思っていたようなことでも、「あ、簡単じゃん」と思うようになり、仕事がどんどん楽しくなっていきます。何でも「できる」ようにしか見えなくなると、エアコンの効きが悪くてもバリバリ仕事に励むようになりますし、残業でも飲み会でも喜んでするようになるでしょう。

その「メガネを変える」ということが、本書でこれまでお話ししてきた「脳を変える」ということなのです。

リーダーが積極的に、「簡単だよ」「君ならできるよ」と言ってあげるだけでも、社員は違ってきます。いったん「簡単だ」と思えれば、何をしても簡単にできるようになったりします。

すべては、リーダーの声がけ次第ではないでしょうか。

新入社員はまっさらなパソコン

序章で、「言われたことしかしない若手社員」について、「言われたことはするのだから、言えばいい」というお話をしました。

コミュニケーションが苦手な若者には、「ウザい」と思われようが、言わなければ通じません。それは、日常のマナーでも同じです。

最近は、大学で先輩・後輩の厳しい上下関係というものが絶滅寸前になっているため、飲み会の席などでお酌をしようとしない若手社員が増えています。隣に社長が座っているのに、自分が食べる分の料理を取って、手酌でお酒を注いで、勝手に飲み食いしているのです。

しかし、このことで、今の若者は常識がないとは言えないと思います。目上の人にお酌をするなんて学校では習いませんし、教える親もあまりいないのでしょう。大学での先輩・後輩の上下関係も希薄になっていますから、知らなくて当然です。

ですから、**知らないことは教えてあげればいい**のです。「酒の席では、目上にお酒を注ぐのが当たり前だ。私の若い頃はそうだった」などと嘆いていても、仕方ありません。

今の若者はコミュニケーションが苦手と言われますが、同じことがリーダー世代にも言えると思います。

リーダー世代は、簡単なことなら「言わなくてもわかる」と思い込んでいるのではないでしょうか。実際は逆で、人間の多くは「言われないとわからない」のです。ならば、どんどんと指示を出していきましょう。彼らは、ゲーム機やスマホで散々ゲームをしてきて、課題をクリアする能力はありますから、言われた通りに仕事をしてくれます。

よく、言われたことしかしない人や、マニュアル通りの仕事しかしない人を、「マニュアル人間」といって批判しますが、それの何が問題なのでしょうか？　マニュアル通りであればパーフェクトに仕事をしてくれるのですから、マニュアルさえしっかりしていればいいのです。

もちろん、一度教えてもなかなか身にはつかないでしょうから、何度も言わないといけないかもしれません。多少ウザいと思われても、根気よく教えることが大事なのです。

そうやって、若手社員に対して、リーダーが反復して教えることは、まっさらなパソコンにソフトをインストールすることと同じです。

大学を出てすぐに入社した社員は、初めからクリーンですから、どんどんインストールすればいいのです。中途採用の社員の場合は、前の会社のやり方が自分の会社と合わないということがありますから、一旦アンインストールが必要かもしれません。

そこで、第4章で行うブレインノートで、若手社員の脳を変えてやることがとても有効なのです。

将来の展望を語れるリーダーに部下は惹かれる

リーダーが、まっさらなパソコン（若手社員）にインストール（指導）をすると言っても、若手社員にリーダーを信じてついていく気持ちがなければ、うまくいくはずがありません。

そこで、先ほどの「強いリーダー」「カッコいいリーダー」であれば、部下にとって憧れの存在ですから、部下はついて来るでしょう。では、強いリーダー、カッコいいリーダーになるには、どうすればいいのでしょう？

それは、ズバリ**「将来の展望を見せる」**ことです。

リーダーとして、部下に示さなければならないことは、いろいろあるかもしれません。しかし、細かいことは置いて、とにかく将来の展望だけをはっきり示してあげることが大事です。まさに、第3章でも出てきた「イメージを飛ばす」ということを、部下に対して実践するのです。

極端な例ですが、リーダーの中には、「わが社は、10年後に年商１０００億を達成するぞ！」と威勢のいいことを言うものの、達成するための具体的な方法などはいっさい語らない人がいます。しかし、意外にもそういうリーダーに部下は惹かれて、ついて来るものです。

それは、経営者やリーダーが、若手や一般社員がイメージすることよりも、もっと大きなことをイメージできるからです。10年先に年商１０００億円という、普通なら

終　章　イマドキに求められるリーダー

ピンと来ない話でも、経営者やリーダーがズバッと言うことで、部下はそれに引っ張られます。そして、そのような将来の展望を語るリーダーを、「カッコいい」と感じるのです。

男性であれば「カッコいい」、女性であれば「素敵」と呼ばれるようなリーダーには、多くの部下が憧れ、ついて来ます。それは、「カッコいい」「素敵」というキーワードが、若者の価値観で重要な位置を占めているからかもしれません。そうであるなら、社員教育にも「カッコいい」「素敵」というキーワードをうまく利用することができるはずです。

若手社員に何かを教える際、「正しいか正しくないか」よりも「カッコいいかカッコ悪いか」「素敵か素敵でないか」を前面に出すほうが伝わるものです。

例えば、挨拶の仕方を教えるにも、「スマートに挨拶ができる人はカッコいい（素敵）」と言うほうが、積極的に正しい挨拶をマスターしようとします。

本書では、何度か「正しいこと」より「楽しいこと」のほうがやる気になる、といったお話をしましたが、同様に人から「カッコいい」「素敵」と思われたほうが楽しい、つまり扁桃核が「快」に振れるのです。

結局は自分の背中を見せるしかない

人に「これがカッコいい」「これが素敵」という価値観を植えつけるならば、自分が「カッコいい」「素敵な」リーダーでいなければなりません。

例えば、「営業社員は、清潔感のある服装をする」ということを若手社員に教えるときに、リーダーが「しわのないスーツとワイシャツで、ピシッとネクタイを締めている姿がカッコいい」と言ったとしても、そのリーダーがヨレヨレのスーツに曲がったネクタイでは、説得力がありません。また、部下にもっと営業成績を上げてほしいと思ったら、リーダーが営業成績を上げていかないといけないのです。

しかし、そのように〝部下の手本〟となっているリーダーが、どれだけいるのでしょうか？

「親の背を見て子は育つ」という言葉がありますが、まさに「上司の背を見て部下は育つ」のです。部下を育てようと思ったら、結局のところ、自分の背中を見せるしかありません。背中を見せたからといって、自分の思いが相手に伝わるとは限りませんが、背中を見せなかったら絶対に伝わらないのです。

目標は高ければ高いほど、達成する可能性が低くなる、と思いがちです。しかし、その壁を実際に突破するリーダーの姿を見せることで、目標達成は決して難しくないというメッセージになります。

目標達成が難しいと思っている人は、脳がマイナスに振れていますから、簡単なことでも難しく考えているものです。そこで、リーダーが手本を見せてやる、そして「簡単だよ」とひと言添えるのです。そうやって、〝簡単〟ということを刷り込んでやるのです。

もし、リーダー自身ができなくても、他にできる人を手本とすればいいでしょう。目の前でハードルの越え方を見せてやり、それが簡単だということを伝えること、それがリーダーに求められる「カッコよさ」「素敵さ」なのです。

次のリーダーに伝えるべきことはすべて伝える

最近は、「カバン持ち」という言葉をあまり使わなくなりました。「カバン持ち」というと、上司にへつらっているというイメージがあるためか、どちらかというと蔑称として使われますが、そんなことはありません。むしろ、「部下の能力を高めるのに一番有意義な方法である」と断言してもいいくらいです。

上司のカバン持ちをするということは、部下が上司と同じ空気を吸い、同じ人や情報に出会うということです。それだけで、部下はいろいろなことが吸収できるでしょう。スポーツの世界でも、レベルの高い人と一緒に練習したほうが上達は早いと言われています。つまり、レベルが一段も二段も上の上司やリーダーについて回ったほうが、部下のレベルアップにも役立つのです。

そうやって、リーダー自身が手本となって、部下にすべてを伝えていくのですが、その際「自分も将来リーダーとなって、部下を引っ張っていくんだ」という自覚を持たせることが大事です。

部下に直接、「君は将来リーダーになるんだ。だから、私の言うことは全部覚えておいて、君がリーダーになったときは、部下にちゃんと言えよ」とはっきり言ってもいいでしょう。そうすることで、部下に自覚が芽生えます。

とはいえ、何か特別なことを伝えようとしなくても構いません。先述のように、目上の人にはまずお酌をする、といった簡単なことでもいいのです。「将来リーダーになったときに、部下に教えなければならないこと」であれば何でもいいので、ひとつずつ、無理なく、漏れなく伝えることを心がけてください。

また、将来のリーダー候補は、一人とは限りません。ことあるごとに、部内の全員から平等に一人ずつ選んで、カバン持ちをさせればいいでしょう。リーダーの器があるかどうかは関係ありません。全員が将来リーダーになるという〝自覚〟を持っていないといけないのです。

現在、リーダーとして活躍されている人も、最初はみんな、右も左もわからない新人だったはずです。みんな、先輩や上司の仕事ぶりを見て、いろいろなことを学んできました。そのことは、昔も今も変わりません。

今の若手社員に対して、「言われたことしかしない」「コミュニケーション能力に欠ける」「叱ると来なくなる」といった、マイナス面ばかりを嘆いても、状況が変わるわけではないのです。

リーダーが生きるお手本となって、伝えるべきことを若手社員に伝えていく。それは、時間がかかってもやらなければならないことなのです。そして、若手社員を脳から変えていくことで、前向きに仕事に取り組める人材に育てれば、会社の未来は必ず明るいものになっていくはずです。

おわりに

学校を卒業したばかりの新入社員であっても、10年後、20年後に、リーダーシップを発揮できる立派な人材に育っていないといけません。これからますます厳しくなる経営環境の中で、社員一人ひとりの生産性を上げていくためには、全員にリーダーシップが求められるのです。

「船頭多くして船山をのぼる」というように、チーム内がリーダーばかりだと、業務がうまく回らないのではないか、と心配される方もいらっしゃるかもしれません。しかし、それはまったく逆です。

リーダーシップを持たない人は、たえず受け身の姿勢です。「やらされている」というマイナス感情に支配されています。一方、リーダーシップを持った人は、チームの目標を理解して、全員一丸となって行動できる人なのです。

もし、リーダーシップを持った人がチームに一人しかいなかった場合、その人が何らかの理由で離脱すると、たちまちチームの士気が下がってしまいます。ほかの社員はリーダーに頼りきりで、自分から能動的に動くということをしてこなかったために、何をしていいかわからなくなるからです。また、一人のリーダーに任せきりの会議では、いい意見はなかなか出ないでしょう。

一方、チーム内のほぼ全員がリーダーシップを持っている場合、誰かが抜けても、すぐに別の誰かがフォローに回れます。また、会議では、目標に向けて全員が一丸となっているので、前向きな議論ができます。

本書では、「マイナスの脳をプラスの脳に変える」というアプローチで、自ら目標を立てて、前向きに行動する社員を育てる方法についてお話してきました。これができるようになれば、その社員は立派にリーダーシップを発揮できる人になった、ということが言えるでしょう。

「そんなにうまくいくのか？」と、懐疑的に本書をお読みになった方もいらっしゃるでしょう。ここまで読んでも、その疑念は消えていないかもしれません。しかし、そもそも「そんなにうまくいくのか？」と考えている時点で、脳がマイナスに振れているとは思いませんか？　ここは、プラスの脳に切り替えて、「絶対にうまくいく」と考えてみてください。

その上で、ぜひ一度、社内あるいはチーム内で実践してみてください。必ず効果を実感していただけるはずです。

また、本書の内容をより発展的に学びたい、実践したいという方や、全社的に本格活用したいと考える企業・団体様には、個別の状況に応じたプログラムやサポートが必要でしょう。もし、ご興味がありましたら、弊社までお問い合わせください。

ここまで読んでいただき、ありがとうございました。皆さんの職場が、たくさんの「プラス脳」社員で満ちあふれ、活気あるものになれば幸いです。

全員が「No.1社員」の会社——それは決して夢物語ではないのです。

西田一見

著者略歴

西田一見 Hatsumi Nishida

ビジネスメンタルトレーナー
目標達成ナビゲーター
株式会社サンリ 代表取締役社長

1973年生まれ。サンリ能力開発研究所にて大脳生理学と心理学に基づく科学的なメンタルトレーニングの研究をはじめ、脳の機能にアプローチする画期的な潜在能力開発プログラム「SBT（スーパーブレイントレーニング）理論」を指導。さまざまな心理分析データから夢・目標達成をサポートする「目標達成ナビゲーター」として、講演・講習などですでに数百万人もの指導実績を持つ。

ビジネスパーソンへの個人指導をはじめ、Jリーガー、プロ野球選手、プロゴルファーなど、トップアスリートのメンタルトレーニングにもあたっている。小中高生を対象とした目標達成のための受験指導でも高い評価を受けている。

近年では上場企業をはじめとした企業の社員教育にも力を注ぎ、「社員のやる気が根本から変わり、組織が急激に伸びていく」と講演依頼も多数。

『笑っていいとも！』（フジテレビ系列）、『たけしのニッポンのミカタ！』（テレビ東京系列）のテレビでも取り上げられ、話題となる。『anan』（マガジンハウス）、『BIGtomorrow』（青春出版社）、『プレジデントファミリー』（プレジデント社）、『美的』（小学館）、『FYTTE』（学研パブリッシング）などの雑誌への寄稿も多数。

主な著書に、ベストセラー『成功する人は、なぜジャンケンが強いのか』（青春出版社）、『いやな上司はスタバに誘え！』（ビジネス社）、『ビジネス№1理論』『イヤな気持ちは3秒で消せる！』『一流になる勉強法』『メンタルトレーナーが教える最強のダイエット』（現代書林）などがある。

西田一見 公式ウェブサイト　http://nishida-hatsumi.com/
西田一見 フェイスブック　https://www.facebook.com/nishidahatsumi
株式会社サンリ ウェブサイト　http://www.sanri.co.jp/

…………読者限定特別プレゼント…………

ブレインノート・フォーマット & 社員教育導入企業事例

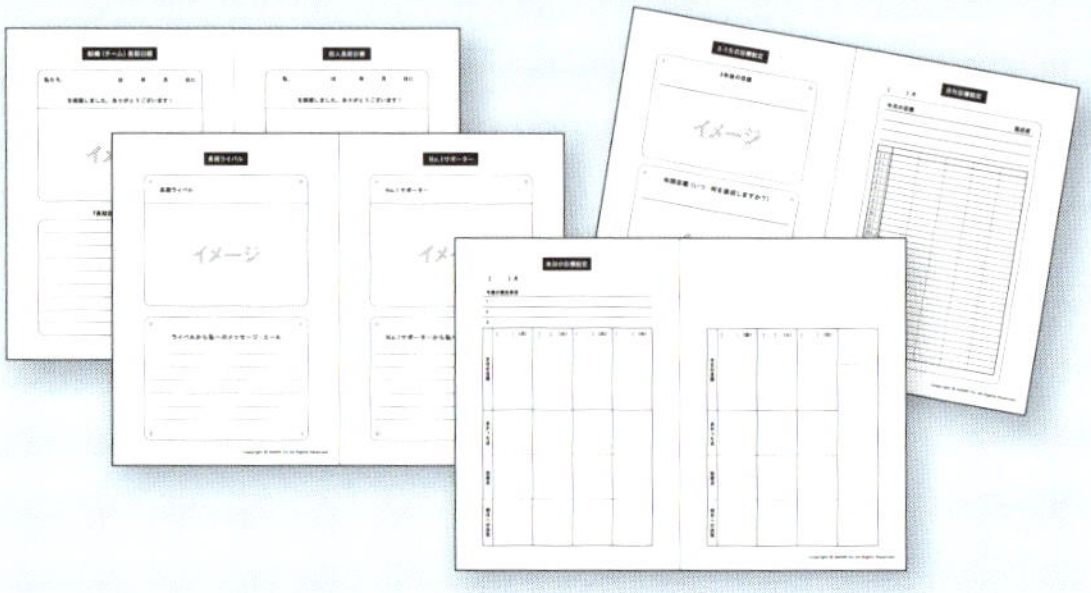

本書でご紹介した通り、組織のメンバーが自ら動き出すためには、3つの思考パターンが必須です。3つの思考パターンが社内に浸透すると、社員が組織の目標に対してワクワクのプラス感情を抱き、その実現のための計画を自ら立て、さらに、計画通りに進まなくても自ら分析と修正をできるようになります。
その手助けとなる簡易版ブレインノートのフォーマットを読者の皆様限定でプレゼントさせていただきます（本書でサンプルとして掲載したものです）。
また、社員教育を導入し、「Brain Note」を活用することで成果を生み出した企業の事例もご覧いただけます。
組織のメンバーが毎日ワクワク仕事をし、自ら結果を生み出すことにより、皆様の組織がさらに発展することを心からお祈りしております。

西田一見

プレゼントURLはこちら

http://nishida-hatsumi.com/gift/

なお、この無料プレゼントはWEB上で公開するものであり、
CD・DVDなどで郵送するものではありません。

本件に関するお問合せは株式会社サンリまで
webmaster@sanri.co.jp

脳《のう》から変《か》えるNo.1《ナンバーワン》社員《しゃいん》教育《きょういく》

2015年 2 月26日　初版第 1 刷
2021年 4 月 9 日　　　第 3 刷

著　者 ―――――――― 西田一見《にしだはつみ》

発行者 ―――――――― 松島一樹
発行所 ―――――――― 現代書林
〒162-0053　東京都新宿区原町3-61　桂ビル
TEL／代表　03(3205)8384
振替00140-7-42905
http://www.gendaishorin.co.jp/

デザイン ―――――― 吉崎広明（ベルソグラフィック）
イラスト・図版 ――― 株式会社ウエイド
ノート ―――――――― 黒川幸子
編集協力 ―――――― 澤野誠人（株式会社ワード）

印刷・製本　広研印刷㈱
定価はカバーに表示してあります。
万一、落丁・乱丁のある場合は購入書店名を明記の上、小社営業部までお送りください。送料は小社負担でお取り替え致します。
この本に関するご意見・ご感想をメールでお寄せいただく場合は、info@gendaishorin.co.jp まで。

ISBN978-4-7745-1503-8 C0034

大好評!! 元気が出る本のご案内

現代書林

天運の法則

西田文郎 著

定価16500円（本体15000円+税）

西田文郎先生が脳を研究して40年、最後の最後に伝えたいことが凝縮された究極の一冊です！「天運の法則」は、たった一回の大切な人生を意義あるものにする人間学です。ぜひそのすべてを感じ取ってください。

No.1理論

西田文郎 著

定価1320円（本体1200円+税）

誰でもカンタンに「プラス思考」になれる！ 多くの読者に支持され続けるロングセラー。あらゆる分野で成功者続出のメンタル強化バイブルです。本書を読んで、あなたも今すぐ「天才たちと同じ脳」になってください。

面白いほど成功する ツキの大原則

西田文郎 著

定価1320円（本体1200円+税）

ツイてツイてツキまくる人続出のベストセラー。ツイてる人は、仕事にもお金にもツイて、人生が楽しくて仕方ありません。成功者が持つ「ツイてる脳」になれるマル秘ノウハウ「ツキの大原則」を明かした画期的な一冊。

人生の目的が見つかる 魔法の杖

西田文郎 著

定価1320円（本体1200円+税）

「人生の夢」「人生の目的」には恐ろしいほどのパワーがあります。やりたいことがどんどん見つかり、成功するのが面白いほど楽になります。本書ではあなたの人生を輝かせる「魔法の杖」の見つけ方を初公開します。

脳を変える究極の理論 かもの法則

西田文郎 著

定価1650円（本体1500円+税）

〝能力開発の魔術師〟西田文郎先生が伝授する、ビックリするほど簡単な〈心の法則〉。「かもの法則」を知れば、あなたの未来は、おそろしいぐらい変わってきます。「かもの力」を実践すれば、最高の未来が訪れます。

No.1メンタルトレーニング

西田文郎 著

定価1980円（本体1800円+税）

金メダル、世界チャンピオン、甲子園優勝などなど、スポーツ界で驚異的な実績を誇るトレーニング法がついに公開！ アスリートが大注目するこの「最強メンタルのつくり方」を、あなたも自分のものにできます。

No.1営業力

西田文郎 著

定価1650円（本体1500円+税）

真のトップセールスになれる方法を〝脳の使い方〟から説き明かした画期的な営業指南書。営業はお客さまの脳との勝負です。人の心を動かすセオリーを、実践的なノウハウ、スキルとともに紹介しています。

No.2理論 最も大切な成功法則

西田文郎 著

定価1650円（本体1500円+税）

「何が組織の盛衰を決めるのか？」――その答えが本書にあった！ これまで見落とされがちだったマネジメントにおけるナンバー2の役割を明らかにした著者渾身の意欲作。すべてのエグゼクティブ必読の一冊！

はやく六十歳になりなさい

西田文郎 著

定価1540円（本体1400円+税）

人生の大チャンスは60代にこそある――。脳の機能について長年研究を重ねてきた西田先生はこう断言します。60代は、人生で最も豊かで可能性に満ちた年代。60代からをワクワク生きたい人は、ぜひ読んでください。

新装版 10人の法則

西田文郎 著

定価1540円（本体1400円+税）

10年間愛されてきた『10人の法則』が装いを新たに新登場！ 不確定な今こそ、誰もが幸せになれるこの法則が必要です。これはテクニックでなく、自分も周りも幸せにする生き方です。ぜひ実践してください。

大きく稼ぐ経営者になる 脳のアップグレード術

西田文郎 著

定価1540円（本体1400円+税）

名著『ツキを超える成功力』が新装版として再登場。これは、西田流の成功進化論です。本書を読むと、あなたの今のレベルと、目指すレベル、今、何をすべきかが明確になります。ぜひ本書で、未来を変えてください。

消費は0.2秒で起こる！

西田文郎 著

定価1540円（本体1400円+税）

パッと見た瞬間に、買いたくて仕方なくなるように仕掛ける――本書は、脳の専門家の著者が明かす脳から見た消費のメカニズムです。これをビジネスに生かせば、成功間違いなし。お客さまの心をわしづかみできます。

ビジネスNo.1理論

西田文郎 監修

西田一見 著

定価1540円（本体1400円+税）

『No.1理論』のビジネス版が登場！ 進化した理論をベースに、3つの脳力「成信力」「苦楽力」「他喜力」を使って、成功間違いなしの「勝ちグセ脳」を手に入れられます。ワークシートで実践しながら学べる本。

脳から変えるNo.1社員教育

西田一見 著

定価1650円（本体1500円+税）

社員教育はこれで決まり！ 本書は、やる気が感じられない「イマドキの若手社員」を〝脳の使い方〟から変えて、自ら意欲的に動く人材に育てる手法を具体的に解説。若手の育成に悩んでいる経営者、現場リーダー必読。

メンタルトレーナーが教える 最強のダイエット

西田一見 著

定価1540円（本体1400円+税）

10年にわたるロングセラー『痩せるNo.1理論』の新装版！ 脳を上手に使って、自己イメージを変えれば、意志も我慢もいらずに、ラクラク痩せられます。どんなダイエット法にも使える究極で最強の方法です。

定価には10%の消費税が含まれています。